AF607350

Administración

Gerencia de Innovación

Jorge E. Maldonado Pinto

Maldonado Pinto, Jorge Enrique
Gerencia de innovación/ Jorge Enrique Maldonado Pinto –
1a. Edición. Bogotá: Ediciones de la U, 2022 164 p. ; 22 cm.
ISBN 978-958-792-382-7 e-ISBN 978-958-792-383-4
1. Administración 2. Alta gerencia 3. Emprendimiento I. Tít. 658 ed

Área: Innovación - Colección Mentes a la Carta
Primera edición: Bogotá, Colombia, septiembre de 2022
ISBN 978-958-792-382-7

1ª Edición

ISBN: 979-13-87684-29-7

CÓDIGO: MAIC005227

Impreso en España- *Printed in Spain*

A mis nietos: Alexander, Pedro Pablo,
Jorge Esteban, Eva Isabella y Matías Daniel

CONTENIDO

ÍNDICE DE FIGURAS

ÍNDICE DE TABLAS

PRÓLOGO

Por: Alejandro Ambrad

La innovación es el pilar fundamental del desarrollo humano. Innovar ha sido, es y será la acción más importante de la humanidad a lo largo de toda nuestra historia ya que es lo que nos ha permitido vivir cada vez más y mejor. La capacidad de innovar marca la diferencia entre personas, empresas y países, conforme más competitivo se vaya volviendo el mundo, más necesario será que desarrollemos esta capacidad si queremos sobresalir o incluso, sobrevivir.

Entonces, si la innovación es tan importante para alcanzar el éxito, ¿por qué se habla tan poco sobre esta materia en la academia? Es difícil dar una única respuesta a esta pregunta, pero lo que sí he descubierto a través de mi experiencia es que pocas personas entienden la innovación y aquellas que verdaderamente saben innovar, rara vez saben explicar cómo hacerlo.

Este libro es una oportunidad perfecta para que des tus primeros pasos en el apasionante mundo de la innovación, una herramienta perfecta para que empieces a atreverte a ser diferente y a marcar la diferencia introduciendo la innovación en tu empresa de forma ordenada. Pero antes de iniciar esta lectura, debo darte un poderoso consejo: intenta poner rápidamente en práctica todo lo aprendido, porque la única forma de aprender a innovar, es innovando.

PRESENTACIÓN

El presente libro es producto de varias investigaciones de campo sobre innovación en las empresas colombianas. Estas son: "Innovación en la industria manufacturera colombiana", artículo publicado en la *Revista CEA* (2020), 6(11). Artículo y ponencia intitulado: "Innovación en las empresas arcilleras colombianas", presentada en el II Encuentro Internacional de Experiencias Significativas en Investigación de la Facultad de Ciencias Administrativas y Contables de la Universidad Popular del César en el mes de octubre del 2021 y publicado en las memorias del evento, y otro artículo sobre procesos de innovación de la pymes colombianas en proceso de publicación, además de investigaciones documentales sobre el tema, más las vivencias del autor-investigador a través de muchos años de experiencias en los campos profesional y académico.

En el primer capítulo, denominado "Gestión del cambio", el autor incursiona en el campo administrativo de los cambios que se presentan continuamente, producto de las tendencias de un mundo cada día más globalizado, tanto en mercados nacionales como internacionales. La actitud de los líderes empresariales ante sus equipos de trabajo que se resisten al cambio y que no solamente se deben adaptar a los cambios continuos que se presentan y cómo, a través de la innovación, se puede gestionar el cambio y muchas veces adelantarse o propiciar los mismos.

En el segundo capítulo, "Conceptos y componentes de innovación", se incursiona en algunos conceptos importantes sobre los componentes y las características de las empresas innovadoras y definiendo conceptos tan importantes como planes, programas y proyectos.

En el tercer capítulo, intitulado "Tipos de innovación", se diferencian estas innovaciones a través de sus conceptos, aplicaciones y ejemplos y se consideran nuevos tipos de innovaciones, como la técnica, la de servicios, la de diseño, la social y la tecnológica. También se trabajan la forma como surgen algunas, como la innovación cerrada, la abierta, la innovación incremental y la innovación radical. También se considera la innovación marginal, la cual consiste en mejorar la propuesta de valor existente, y, al final, se presenta un jocoso caso para analizar sobre innovación en la conservación de cadáveres diferente al formol.

El cuarto capítulo, "Innovación tecnológica", versa sobre este tipo de innovación, la cual tiene que ver con los cambios que se realizan en maquinaria, equipos, herramientas, procesos y *software*, entre otros, que se dan en la organización para la fabricación y comercialización de productos innovadores con el objeto de llegar a ser competitivos en el mercado. Se presentan las principales características y diferentes estrategias de innovación tecnológica que se pueden utilizar.

Se muestra un diseño del proceso de innovación tecnológica en la fabricación y embotellamiento de bebidas gaseosas. El cambio que se debe hacer de trabajar con eficiencia a la efectividad. Se proponen modelos de gestión en el cambio de los sistemas de información, tanto en las organizaciones industriales, comerciales y de servicios. También se considera la gestión del cambio en los sistemas de información empresariales.

En el capítulo quinto, "Procesos de innovación en Colombia", se analizan los cambios tanto externos como internos que se producen en el sector y las principales causas de la falta de fortalecimiento de la innovación en la industria colombiana, de acuerdo a la ANDI (2020). De los proyectos de investigación ejecutados, se identifican diferentes formas de innovar en las empresas colombianas. Para finalizar el capítulo, se determina que la industria manufacturera colombiana sí hace innovación en productos, servicios y procesos y, además, con base a estudios de mercados y de tendencias de diseño y decoración, se procura una excelente atención y satisfacción de los compradores, llegando hasta la cocreación con los clientes. Además de la utilización del talento humano, de procesos, herramientas y habilidades tecnológicas y el *know-how* de sus directivos.

El capítulo seis, que comprende la comparación entre factores de innovación y productividad, además del estudio de los conceptos, analiza la incidencia de la innovación en la productividad, como la importancia de las patentes de innovación y su obligación de protegerlas. Según los resultados del Índice Global de Innovación del año 2018, Colombia ocupó el puesto 83 a nivel mundial por encima de países como Brasil, Panamá y Argentina.

En el capítulo siete, se considera la protección a la innovación. Se identifican los conceptos de patentes, los beneficios que se obtienen al patentar un invento, los documentos que se deben presentar en la solicitud de patentes, los conceptos de descripción y de reivindicaciones y qué obligaciones confiere una patente, qué significan las anualidades, qué anualidades se deben pagar y el plazo para pagarlas, qué posibles problemas se pueden presentar si no se paga una anualidad y los efectos de caducidad de una patente. También se consideran los derechos de propiedad industrial e intelectual, lo relacionado con las marcas y la usurpación de identidad. Se explica la diferencia entre marca y nombre comercial. Y, por último, se presenta la clasificación de Niza de bienes y servicios para registrar patentes, así como los trámites necesarios para registrar una marca tanto en Colombia como en otros países.

En el último capítulo, "Mitos de la innovación", se establecen los diferentes mitos con relación a los casos con los cuales se atribuyen cualidades que no tiene. Se describen y analizan los diferentes mitos de innovación, trece (13) en total, se elabora una encuesta para aplicar a los equipos de trabajo creativos e innovadores y a los clientes habituales en la cual se pretende percibir si una idea puede ser innovadora.

Para finalizar, se identifican los diferentes beneficios que se logran con la innovación y se termina con un examen de los contenidos del libro. Como se podrá observar, es un texto que puede contribuir tanto a la capacitación de equipos de trabajo creativos e innovadores como a la formación de profesionales en este tema tan importante para los próximos ejecutivos de gestión en las empresas colombianas y de otros países.

El autor

PRÓLOGO

"En tiempos de crisis, la imaginación
es más efectiva que el intelecto".
Albert Einstein

Por: William Eduardo Rojas Velásquez

Desde lo inconmensurable de la práctica académica a través de la investigación surge un docente que, por sus conocimientos, perseverancia, habilidades comunicativas y pedagógicas irrumpe con sus productos en la intelectualidad de la educación superior. Sus libros en la modalidad de textos universitarios son un gran aporte al aprendizaje significativo de los educandos.

Pues bien, tal como es esbozado metafóricamente, el mundo actual es el producto de un devenir imperecedero en el que se han demolido conceptos, sistemas y procesos, reconstruidos algunos, construidos y deconstruidos otros, bastantes novedosos como para forjar una pluralidad singular en la cual se cimientan paradigmas teóricos que hagan viable su practicidad en la armonización de la convivencia mutua y en la permanencia de la estabilidad intersubjetiva, para poder continuar dando pasos en la evolución sociológica y cognitiva de la sociedad.

El anterior prodigio, existente en el ser desde el inicio cronológico del hombre, vendría con el ilustre físico, historiador, filósofo y pensador norteamericano Thomas Samuel Kuhn, en su significativa obra literaria y filosófica *La estructura de las revoluciones científicas*. Como historiador crítico, pudo concluir que el mundo, en su vaivén de azares, aciertos y desavenencias, franquea entre varios estadios sin importar el rango epistémico, la escuela científica o la corriente filosófica de la que se sustente. Sus ideas revolucionarias irrumpen en la comunidad científica con el concepto de paradigma de estructura epistemológica fresca que le da sepultura a su antecesor, para comenzar su vida cíclica en un nuevo período que también caducará en otro momento y en el cual se fundamente la evolución de la ciencia.

La innovación, además de ser un concepto relativamente novedoso, es indispensable para el crecimiento y desarrollo de las organizaciones. La innovación parte de la concepción de la idea, continúa con la búsqueda de la aplicación en los productos, procesos y servicios con el objeto de solucionar problemas y termina con una comercialización exitosa durante determinado período, volviéndose cíclica en el tiempo, como dice el autor en el libro, "sin rentabilidad, no hay innovación".

En el sector empresarial, la innovación juega un papel relevante en el funcionamiento de la empresa; con innovación la organización se hace más competitiva en el mercado, como lo refleja su título *Gerencia de la innovación*. Una gestión diligente, productiva, que propone y asume cambios favorables estará siempre por encima de la competencia; con la innovación, las organizaciones inician el proceso que las conducirá al éxito.

Es para mí muy placentero hacer el prólogo del presente libro, *Gerencia de la innovación*, del docente investigador Jorge Enrique Maldonado Pinto, texto universitario, el cual va a ser un gran aporte a la enseñanza de las ciencias sociales y económicas.

CAPÍTULO I

GESTIÓN DEL CAMBIO

O CAMBIA, O LO CAMBIAN

En el mundo convulsionado de hoy día, las empresas deben afrontar a cada momento nuevos retos debido a la competencia tan fuerte no solamente a nivel regional, sino nacional, y lo que es peor, debido al fenómeno de la globalización a nivel internacional. Hoy en día, los empresarios deben anticiparse a los cambios para poder sobrevivir, debe formarse una cultura de la creatividad y la innovación en todos los aspectos relevantes de una organización, como los propietarios, directivos, administradores, jefes y personal operativo.

Los cambios, aunque necesarios, deben ser planificados, tampoco es cambiar por cambiar. Las organizaciones planifican sus cambios fundamentados en técnicas de marketing como la investigación de mercados, los grupos focales (*focus group*) y la neurociencia, que, utilizada en el marketing, se convierte en neuromarketing, el cual consiste en identificar, analizar y comprender los niveles de atención que los consumidores, usuarios o clientes muestran ante estímulos de comportamientos generados en el cerebro. Los cambios no planificados pueden generar fracasos, como el que ocurrió con una prestigiosa productora y comercializadora de alimentos. Ante la práctica en algunos países de ofrecer comida saludable, quiso reemplazar sus jugosas y grasientas hamburguesas por deliciosas ensaladas y sus ventas disminuyeron considerablemente; el público objetivo y los clientes habituales prefieren tener la posibilidad de enfermarse por el consumo de grasas saturadas o salsas por la obstrucción de las arterias del corazón en una eventualidad futura que la de degustar sabrosamente dichos productos.

Últimamente, autores como Eichholz (2015), en su libro *Capacidad adaptativa*, ya están hablando de la necesidad de las organizaciones de sobrevivir y desarrollarse en un mundo cada día más cambiante: "para dar paso al cambio, debía ponerse en marcha un proceso de redefinición en la mentalidad y comportamiento de muchos de los accionistas y empleados, que, a su vez, se relacionaban con supuestos, valores, lealtades, actitudes, competencias y hábitos" (p. 41). Este proceso lo llama *cambio adaptativo*. No tiene que ver con la racionalidad ni la toma de decisiones correcta, todo lo contrario, se vincula con otros componentes, como las emociones humanas, la creatividad y el trabajo en equipo.

Todas las organizaciones están sujetas a cambios; la globalización ha permitido que esos cambios se den con mayor fluidez. La evolución de las comunicaciones y los avances tecnológicos impactan en las empresas de manera efectiva, propiciando cambios de manera más frecuente. El proceso de cambio no es una tarea fácil, es cada día más complejo, porque los trabajadores se resisten a salir de su zona de confort. "Todo proceso de cambio implica el debilitamiento de las normas y condiciones que sustentan la situación actual organizacional". (Canepa, C., 2016, p. 13).

Son varios aspectos a tener en cuenta al implementar el cambio en las empresas: 1) la resistencia al cambio, 2) definir claramente lo que se quiere cambiar, 3) motivar e incentivar a los trabajadores al cambio, 4) desarrollar actividades entre los directivos que contribuyan al cambio, 5) comunicación fluida con los trabajadores, 6) capacitación efectiva, 7) planificar cuáles serían las fases o etapas en el proceso de cambio, 8) generar confianza entre los colaboradores, 9) alinear el cambio a la cultura organizacional de la empresa y 10) generar equipos de trabajo efectivos.

¿QUÉ ES LA GESTIÓN DEL CAMBIO?

Teniendo en cuenta los cambios tan vertiginosos que se están dando en el mundo actual, se puede suponer como una habilidad para enfrentarnos al presente y futuro de las organizaciones, además considerándose como un indicador gerencial y de liderazgo empresarial. Para Ugarte (2018), "consiste en aprovechar novedades en el entorno empresarial para beneficiar a la empresa. No se trata de implementar modelos de gestión empresarial, sino de anticiparse a los cambios creando una estructura empresarial bastante flexible como para responder a ellos" (p. 1). Se puede además conceptuar como el aprovechamiento de las oportunidades del mercado anticipándose a los cambios que se dan de todo tipo, adaptando la estructura organizacional con el objeto de incrementar la productividad de la empresa.

¿Qué se quiere cambiar?

Aquellos factores de cambio organizacional que la empresa o el directivo observan que están impidiendo que se cumplan los objetivos y metas y que tienen que cambiar antes de que estos afecten la productividad y, por lo tanto, la rentabilidad del negocio. Estos factores pueden ser culturales, sociales, económicos, laborales, estructurales, tecnológicos, entre otros.

Beneficios de la gestión del cambio:

- Mejora la confianza en la empresa.
- Aumenta la productividad.
- Reduce el conflicto.
- Minimiza la resistencia al cambio.
- Aumenta la eficacia en los equipos de trabajo.
- Amplia el campo de acción de las organizaciones.
- Aprovechamiento de las oportunidades del mercado.
- Favorece el desarrollo.
- Mejora la rentabilidad de la empresa.
- Prosperidad en un mercado cada día más cambiante.

RESISTENCIA AL CAMBIO

En la mayoría de las organizaciones, los trabajadores se resisten al cambio, se sienten cómodos con su situación actual, aunque la mayoría desea una condición laboral mejor con más altos ingresos. El separarlos de su zona de confort es lo que propicia la resistencia a los cambios. La resistencia al cambio se presenta como una fase crítica de los colaboradores donde se sienten inseguros y con estados de ansiedad y temor por lo que se puede presentar en el futuro en sus actividades laborales. Cuando se intenta expresar en qué consiste el cambio (en un nivel macro), en específico el cambio social, Guiddens (1998, p. 656) lo refiere como "alteraciones en la estructura subyacente de un objeto o de una situación durante un período de tiempo". También Macías Sánchez *et al.* (2019) concluyen en su estudio que: "el principal factor que puede obstaculizar un cambio es la resistencia del talento humano, por esa razón, es importante informar, socializar, motivar y comprometer a los involucrados con el fin de adherir esfuerzos para lograr los objetivos planteados" (p. 39). Una buena comunicación es también un elemento o factor que forma parte de las habilidades de los directivos para implementar este proceso.

HABILIDADES DIRECTIVAS EN EL PROCESO DE CAMBIO

Los directivos de las empresas, antes de jefes, deben ser líderes del cambio. Según Luján (2018):

> *"... los directivos líderes en las organizaciones son capaces de sentirse a gusto con sus colaboradores, ser capaces de asumir riesgos y adaptarse al cambio, y orientar a la acción y continuar hasta lograrlo, de generar ideas creativas y minimizar la angustia o temores de*

sus trabajadores, de mostrar capacidad para relacionarse, de saber y hacerse escuchar cuando se requiere" (p. 26).

Para que un cambio organizacional surta efectos positivos, los directivos deben tener las siguientes habilidades:

- **Directivo motivador**

La motivación es muy importante para mantener el entusiasmo por el trabajo y el compromiso con las organizaciones. Un trabajador motivado puede dar más que lo que se espera, siempre y cuando esta motivación esté acompañada por incentivos económicos o no económicos, como ascensos, horarios flexibles, felicitaciones por medio de comunicación particulares o institucionales, días de descanso o días de vacaciones adicionales, membresías de eventos culturales o recreativos, reconocimientos públicos, cambios de roles temporales, entre otros.

- **Manejador de conflictos**

El directivo o líder de la empresa debe ser un manejador prudente y sabio de los conflictos que se presenten. Según Maddux (1991), el conflicto es saludable cuando ocasiona que las partes exploren nuevas ideas, pruebe la posición y creencias del grupo y haga que desliguen su imaginación. Cuando el conflicto se trata constructivamente, puede llegar a ser muy beneficioso porque estimula la creatividad e imaginación de las personas, lo que puede conducir a encontrar una amplia gama de opciones y mejores resultados. El conflicto se vuelve dañino cuando se evita o se enfoca en términos de ganar/perder, es decir, al dirimir el conflicto, aparecen un ganador y un perdedor. Con la opción anterior, se desarrollarán enemistades, la comunicación se bloqueará, la confianza y el apoyo mutuo se deteriorarán y el resultado puede ser mayores conflictos.

Figura 1.
Habilidades directivas en la gestión del cambio organizacional.

Cuando se eligen los extremos, la productividad se disminuirá o se detendrá. El daño puede ser muy difícil (a veces imposible) de reparar. Los miembros del equipo deben comprender la naturaleza del conflicto y utilizar técnicas para poderlo resolver; usualmente, deben solucionar los desacuerdos por sí mismos.

Cuando un conflicto tiene lugar en las organizaciones, para Lozano (2011), "cada persona acaba respondiendo a él de una manera diferente. Este estilo de gestión puede influir a la hora de dar al problema un estatus negativo o no negativo". Igualmente, este autor puntualiza otros estilos de gestión de conflictos basándose en Alzate (2007) y De Diego y Guillén (2008). Para Pujol (2015), los estilos de gestión son: la negación, la evitación, la acomodación, el enfrentamiento, la colaboración y el compromiso. Al contrario que los tres primeros estilos (donde la solución se aplaza) y especialmente el cuarto (en el que se imponen razones), hay estilos de repuesta positiva que intentan solucionar el conflicto de una manera óptima a través de los dos últimos (p. 10).

- **Creatividad e innovación**

Esta son dos habilidades sustanciales que el líder del proceso de gestión del cambio debe manejar. Sin creatividad, las ideas del equipo de trabajo no generan rentabilidad a través de las innovaciones de todo tipo. Por creatividad se entiende la producción de ideas que generen valor a la organización. La creatividad puede ser producto de observación de la realidad existente, de investigación o de una mentalidad creativa. La creatividad algunos la definen como pensamiento inteligente, originalidad de ideas creativas, imaginación constructiva o pensamiento divergente. El pensamiento divergente se asocia a la creatividad. El pensamiento divergente separa, contrasta, disiente, discrepa, aporta con racionamiento ideas a las nuevas realidades. El pensamiento divergente aporta ideas nuevas, busca alternativas diferentes, contribuye con diferentes salidas a la resolución de problemas. Para Álvarez, (2010) "La creatividad es un proceso del pensamiento, un mecanismo intelectual a través del cual se asocian ideas o conceptos, dando lugar a algo nuevo, original. Implica la redefinición del planteamiento, del problema, para dar lugar a nuevas soluciones" (p. 5). La habilidad de ser creativo para buscar soluciones a las situaciones problémicas que se presenten comúnmente depende de la experiencia del directivo y del equipo de trabajo, pero lo que realmente se considera originalidad con respecto a la creatividad es el proceso previo y conjunto para encontrar soluciones, es decir, la capacidad de recolectar información de manera diferente, lo cual implica un esfuerzo para ir más allá de sus experiencias.

COMPONENTES DE UN MODELO CREATIVO

Para que la creatividad se manifieste, deben integrarse todos aquellos factores que contribuyan a la misma. "El modelo creativo contiene tres grandes componentes, los cuales son: dominio del conocimiento, pensamiento creativo y motivación frente a la tarea" (Amabile, T. M., 1986b, como se citó en Amabile, T., 1996, pp. 5-6).

La innovación se asocia a la creatividad; algunos piensan que la innovación puede ser producto de la creatividad. La innovación consiste en aportar soluciones, aprovechar las oportunidades del medio; innovar es generar valor en la sociedad, se considera una actitud, una creencia de que, para mejorar una situación actual, hay que hacer algo distinto que aporte soluciones, asumiendo riesgos y que produzca rentabilidad o ganancias.

Figura 2.
Los tres (3) componentes del modelo de la creatividad.

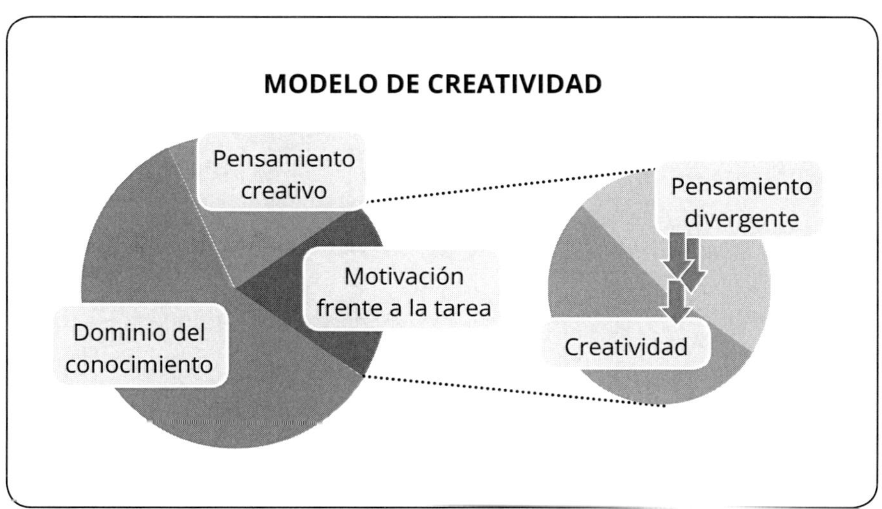

Fuente: Amabile, T. et al. Social influences on creativity: the effects of contracted-for reward. *Journal of Personality and Social Psychology, 50*(1), pp. 5-6

Para Úbeda y Moslares (2008), "el proceso de innovación ha ido evolucionando a lo largo del tiempo. Se ha pasado de una innovación en producto cerrada a una innovación abierta en productos y modelos de negocio y gestión" (p. 36). Se considera al proceso como una secuencia lógica de etapas o pasos que se dan en las organizaciones para lograr resultados específicos. Según Miranda (2017), el término de proceso en la industria se refiere a la planta completa o a una porción de ella donde las materias primas o productos intermedios sufren cierta transformación (p. 4). Un proceso de innovación tiene que ver con el flujo de ideas y proyectos nuevos que permiten la transformación de conocimiento en nuevos productos o servicios. Para el UK Department Trade and Industry, "la innovación es la explotación exitosa de las ideas". Por esta razón, se considera a la innovación como el proceso de transformar ideas en valor tanto para la empresa como para los consumidores, el cual se inicia con la generación de ideas, pasando por un tamizado de viabilidad, hasta la implementación de un nuevo producto (bien o servicio) mejorado, proceso, esquema de mercadeo o estructura administrativa de la organización (ACFI, 2013-2020).

- **Capacidad para asumir riesgos**

El directivo de gestión del cambio debe tener capacidad de asumir riesgos en las situaciones que se presenten en el desempeño de sus funciones. Es enfrentarse sin temores a situaciones nuevas, capacidad de emprender, gestionar recursos, tener ideas y método innovadores, adaptarse a los cambios, convertir ideas en acciones y soluciones a los problemas que se presenten en sus organizaciones o en lo personal. El riesgo siempre está incorporado a decisiones y cambios. Para asumir riesgos, es importante contar con una amplia y adecuada información sobre lo que se quiere emprender o modificar. El riesgo está relacionado con el emprendimiento; de saberlo afrontar y hallar las soluciones apropiadas a los problemas dependerá el éxito o fracaso en los negocios. El riesgo es inevitable en los procesos de toma de decisiones de todo tipo.

"Saber identificar, localizar y valorar los riesgos existentes del lugar permite a su vez saber las condiciones de trabajo que tendrán, como pueden ser horarios, turnos, entidades principales públicas o privadas del sector, la infraestructura del lugar, esto es clave para un negocio y que un emprendedor pueda alcanzar el éxito contando con los recursos necesarios y la actitud necesaria para cumplir todo lo que se propone" (Rodríguez, T., 2015, como se citó en Collins, N. et al., 2021, p. 3).

Podemos concluir que la habilidad para asumir riesgos debe ser predominante para el emprendedor o líder de gestión en cualquier tipo de negocio.

- **Administrar eficazmente el tiempo**

La planeación y la organización son factores esenciales en la administración del tiempo. Sin planeación y organización los resultados positivos no se dan satisfactoriamente. Los líderes de gestión o dirigentes deben saber utilizar muy bien los recursos en la administración del tiempo.

Recomendaciones para administrar el tiempo eficazmente:

- Elabore objetivos y metas claras.
- Escriba en una agenda todos tus planes y actividades de la semana.
- Crea una rutina para administrar su tiempo.
- Dale prioridad a lo importante.
- No te distraigas en otras labores que no son prioritarias.
- Haz pausas activas.
- Respeta tus horas de sueño.
- Pide sugerencias y opiniones a expertos.
- Organiza tu mesa de trabajo.
- Delega funciones en las cuales no tengas el conocimiento ni la experticia necesarios.
- Ten hábitos para vivir más saludable.
- Colócale tiempo a tus metas.
- Crea el hábito de planificar todo lo que debas hacer.

- Utiliza herramientas que faciliten las tareas.
- Planifica las reuniones.
- Evita distracciones con tu celular en las redes sociales.
- Comienza a realizar las tareas más pesadas y complejas al iniciar el día laboral.
- Empieza temprano tu labor, es decir, madruga.
- Busca la forma de simplificar las tareas rutinarias.
- Empieza ya, no pierdas tiempo aplazando las tareas.

Gómez (2018) concluye que "es determinante que usted sepa en qué va a seguir utilizando su tiempo, cómo lo va a invertir o a gastarlo; aproveche sus horas lo más inteligentemente posible, con la mayor humildad, para que pueda una mejor calidad y estilo de vida" (p. 61).

- **Comunicador eficaz**

La comunicación acerca a las personas. Antes de profundizar un poco sobre la comunicación, es importante aclarar lo siguiente: el dato es una cifra, un número que solo no dice nada, por ejemplo: 58, 42, 2021. Pero si le agregamos más datos aclaratorios se convierte en información, por ejemplo: el 58 % son mujeres y el 42 % son hombres en la población de Bogotá en el año 2021. Cuando uno de los interlocutores al hablar obtiene respuesta, se convierte en comunicación. Un ejemplo común de la comunicación es el chat (charla, en español). La comunicación es el cambio de información entre personas, forma parte del diálogo o intercambio de ideas de forma clara entre dos o más individuos.

COMUNICACIÓN ORGANIZACIONAL

Comprende las diferentes formas o canales de comunicación que se dan en las empresas u organizaciones públicas, privadas o mixtas, ya sean de origen lucrativo o no, que se dan hacia el exterior de las organizaciones o de forma interna.

Para De Castro (2016), “la comunicación organizacional la establece la propia empresa: es estructurada en función del tipo de organización y de sus metas. Es controlada y sujeta a reglas” (p. 15).

La comunicación organizacional es trascendental para el funcionamiento de la empresa y así evitar la comunicación informal que se genera con el rumor.

El rumor es muy perjudicial para las organizaciones. El rumor se genera cuando una comunicación es ineficaz.

En la comunicación organizacional se dan varios tipos: la oral, la escrita, la virtual y la corporal. Para que la comunicación en la gestión del cambio sea eficaz, deben tenerse en cuenta los siguientes pasos:

Siete (7) pasos de la gestión del cambio

1. Definir los cambios prioritarios y necesarios.
2. Reunir al equipo de trabajo e incentivar el cambio.
3. Llegar a consensos con el equipo de trabajo.
4. Implementar el cambio.
5. Monitorear el cambio.
6. Evaluar el cambio.
7. Realizar los ajustes necesarios.

Antes las dificultades u oportunidades que se presentan en las organizaciones, se hace necesario gestionar el cambio y para esto es necesario definir los prioritarios y los necesarios. Ya definidos estos, deben hacerse reuniones con el equipo de trabajo y llegar a consensos con los colaboradores. Después de llegar a acuerdos con ellos, se procede a hacer las contrataciones necesarias en equipos, tecnología, talento humano y demás recursos necesarios para realizarlo. A continuación, se implementa el cambio, el cual se monitorea mensual, trimestral y semestralmente. A los seis y doce meses, se evalúa el impacto que generó el cambio en la organización. Si es ne-

Figura 3.
Pasos de la gestión del cambio

cesario hacer ajustes al proyecto, se realizan para beneficio de la institución.

Como conclusión, una de las mayores habilidades del líder de la gestión del cambio es ser un comunicador eficaz.

- **Capacidad de liderazgo**

El gerente de gestión del cambio, ante todo, debe ser un líder. El líder es aquel que tiene seguidores, sus colaboradores confían en él y lo apoyan y siguen en todas sus acciones y proyectos. Un líder empresarial es aquel que ostenta una cualidad de dirección y manejo de todas las situaciones y acciones que se presentan en la organización y que le permite influir en sus colaboradores. En el liderazgo empresarial hay que tener en cuenta las características que lo distinguen y los diferentes estilos que se observan o a los que puede llegar a optar cuando toman decisiones. Es muy importante para una empresa contar con líderes capaces de llevar un equipo al éxito enfocado siempre en cumplir objetivos y metas, sin querer pasar por encima de nadie y tratando siempre de colaborar con las personas que lo necesiten.

En las estructuras empresariales, el liderazgo tiene un papel muy importante porque aporta dirección y manejo a todos los procesos y hace que los trabajadores se comprometan a ejecutar con eficacia las tares en el cumplimiento de metas y objetivos organizacionales. Los procesos laborales se retroalimentan constantemente y esto genera un determinado ambiente psicológico en la institución. Muchas veces, se tiene una mala concepción sobre el ejercicio del liderazgo y por ello, al tratar de hacer un buen papel en el mismo, se denigra a las personas, tratando de "educarlas, presionarlas, corregirlas o cambiarlas" de manera que se logren "adaptar" al proceso laboral, incurriendo con estas prácticas en una violación de los derechos humanos de las personas.

Sobre el estilo de liderazgo Cortés (2004) concluye que depende absolutamente del sistema en que se desarrolle, no es cierto que resulta más apropiado un dirigente con estilo autoritario e intolerante muy centrado en las tareas y poco motivado por las relaciones humanas, en contraste con otro democrático y preocupado por las relaciones, ya que cada uno de los estilos pueden alcanzar su mejor nivel de ejecución en dependencia de otros factores (p. 207).

Algunos autores establecen muchos estilos de liderazgo; se consideran, entre tantos, los siguientes: autoritario, democrático, burocrático, estratégico, transformador, diplomático, tipo *coaching*, liderazgo *laissez-faire*.

Liderazgo autoritario. Es aquel que da órdenes y hay que obedecer. Impone sus ideas sobre los demás. Todas las órdenes deben cumplirse sin cuestionarlas. Se utiliza en el sistema militar o policivo. Hay colaboradores a los que les gusta este estilo de liderazgo.

Liderazgo democrático. Es más participativo, se escucha las opiniones de los demás. Se estimula a los trabajadores para que opinen y que tomen parte activa en la toma de decisiones empresariales. Este estilo de liderazgo fomenta una buena relación entre el dirigente y sus seguidores.

Liderazgo burocrático. Se fundamenta en la estructura organizacional. Los líderes siguen las normas y reglamentos de la organización o institución. No se apartan de las reglas. Es riguroso y se fundamenta en las leyes, normas y procedimientos preestablecidos.

Liderazgo estratégico. El líder dirige todas sus acciones al cumplimiento de las políticas y estrategias de la organización. Es una combinación de capacidades, habilidades, prospectivas, planifica el futuro a través de escenarios posibles. Trata de anticipar las cosas, genera e implementa cambios. Se fundamenta en planes, programas y proyectos para cumplir las metas y lograr los objetivos. Se fundamenta en la estrategia.

Liderazgo transformador. Se fundamenta en la motivación y en el crecimiento cognitivo, vivencial, estratégico, experimental y de innovación de sus colaboradores. El líder se preocupa de que los trabajadores se preparen formal e informalmente en competencias laborales y tecnológicas de su equipo. Convierte a su equipo de trabajo en personas creativas e innovadoras.

Liderazgo diplomático. Considera a todos los trabajadores por igual, incentiva y motiva a sus colaboradores en las tareas. Es un estilo de comportamiento o de conducta de quedar bien con todos, así no comparta sus ideas o acciones. Es un dirigente de mente abierta. Esta situación supone saber escuchar a los demás, así las otras opiniones sean diferentes a la suya; aún más, es usar estas a su favor y aprovecharlas como una oportunidad sin considerarlas un problema.

Liderazgo tipo *coaching*. Es el entrenador, es el dirigente que dirige técnicamente a sus trabajadores. Es el que entrena, capacita y orienta a sus trabadores en la realización de las tareas y en el logro de las metas y objetivos de la organización. Empodera, maneja los tiempos, orienta, asesora y contribuye a optimizar el desempeño de sus colaboradores.

Liderazgo *laissez-faire*. El líder es, en cierto modo, complaciente, con la premisa de dejar hacer o dejar pasar las acciones de sus trabajadores sin comprometerse en las decisiones. Hace la vista gorda ante las acciones del equipo de trabajo. Se supone que ninguno, ni siquiera el líder, se empodera de sus propias decisiones. Según Pacsi Choque *et al.* (2014) conceptúan: "las características del liderazgo *laissez-faire* pueden ser agrupadas básicamente de la siguiente manera: delegación de poder, desinterés y evasión de responsabilidad" (p. 69).

Los estilos de liderazgo no son buenos ni malos, sino que dependen de varios factores, como la cultura organizacional, las personas, el tiempo, los tipos de organizaciones, las normas y las personalidades de los dirigentes, entre otros.

- **Impartir capacitación efectiva**

La capacitación forma parte de la educación no formal, esencial en las organizaciones. La capacitación empresarial es una serie de acciones encaminadas a que los trabajadores adquieran conocimientos relacionados con su campo laboral y, además, que adquieran las competencias necesarias para que participen en el proceso creativo e innovador. La inducción y el entrenamiento pueden formar parte de la capacitación empresarial. La capacitación tiene que ver con la adquisición de conocimientos profesionales, tecnológicos y técnicos para que en el desempeño de sus labores lo hagan con eficiencia. También es un medio o instrumento para que los colaboradores adquieran las competencias laborales necesarias para que logren las metas y objetivos de la organización.

> *"Para hacer de la capacitación un proceso aportador a los resultados organizacionales, se diseña y ejecuta el perfeccionamiento de los modos de hacer, en aras de elevar las competencias laborales y aprovechar las potencialidades del colectivo, de la infraestructura tecnológica instalada y de una política institucional que reconoce la importancia de la capacitación en el ámbito empresarial" (Castañeda, M. et al., 2016, p. 5).*

- **Toma de decisiones acertadas**

Todo líder de la gestión del cambio, directivo o gerente debe tomar decisiones acertadas para tener éxito en el desarrollo de las funciones. La toma de decisiones acertadas se considera como un proceso mediante el cual se selecciona, entre las diferentes opciones que se presentan, la más adecuada que aporte al logro de los objetivos de la empresa. Para elegir la acción más acertada, se deben tener en cuenta los siguientes pasos:

a) Identificar claramente el problema, con el objeto de analizar la situación que se presenta.
b) Se presentan las diferentes soluciones a estudiar.
c) Optar por una opción.
d) Estudiar las consecuencias que se presentarán con la acción seleccionada.
e) Controlar los resultados.
f) Evaluar el impacto de la decisión tomada.
g) Realizar los ajustes necesarios.

- **Capacidad adaptativa**

Comprende una serie de habilidades del líder o de las organizaciones para adaptarse rápidamente a los cambios que se presentan continuamente en un mundo globalizado.

Figura 4.
Pasos para tomar la decisión más acertada.

Una conducta adaptativa se determina por una serie de habilidades de tipo práctico, social, profesional, emocional, conceptual y tecnológico, entre otras, que regulan su comportamiento y que permite al individuo desenvolverse correctamente en cada una de estas áreas.

En la siguiente tabla, se puede observar una impresión de escalas disponibles en español del diagnóstico de la conducta adaptativa DABS y el del sistema de evaluación de la conducta adaptativa ABAS-II (Montero, D., 2015, p. 3).

Tabla 1.
Áreas y subáreas de la escala de diagnóstico de conducta adaptativa (DABS) y sistema de evaluación de la conducta adaptativa (ABAS-II)

ESCALA DE DIAGNÓSTICO DE LA CONDUCTA ADAPTATIVA. DABS	**SISTEMA DE EVALUACIÓN DE LA CONDUCTA ADAPTATIVA. ABAS-II**
Habilidades prácticas: ▪ Actividades de la vida diaria ▪ Habilidades ocupacionales ▪ Manejo del dinero ▪ Mantenimiento de un entorno seguro ▪ Cuidado de la salud ▪ Viajes/Desplazamientos ▪ Programación/Rutinas ▪ Uso del teléfono **Habilidades sociales** ▪ Relaciones Interpersonales ▪ Responsabilidad ▪ Autoestima ▪ Prudencia ▪ Ingenuidad ▪ Seguimiento de reglas y normas ▪ Modales ▪ Solución de problemas sociales **Habilidades conceptuales** ▪ Lenguaje ▪ Lectura y escritura ▪ Uso del dinero ▪ Autodirección ▪ Tiempo ▪ Números/Medidas	**Práctica** ▪ Vida en el hogar o vida en la escuela ▪ Salud y seguridad ▪ Autocuidado ▪ Utilización de los recursos comunitarios ▪ Empleo **Social** ▪ Ocio ▪ Social **Conceptual** ▪ Comunicación ▪ Habilidades académicas funcionales ▪ Autodirección

Fuente: Montero, D. (2015). *Conducta adaptativa: situación actual y escenarios posibles. Una visión global* **(p. 3).**

¿Cómo alcanzar una capacidad adaptativa?

Tanto el líder como sus colaboradores deben estar dispuestos al cambio, es un deber del gerente de gestión del cambio, el cual debe tener necesariamente características de *coaching* y los siguientes factores del talento humano, considerados estos por el autor Eichholz (2015, p. 241) como variables claves que se deben considerar para medir y alcanzar la mayor capacidad adaptativa:

- *Un sistema de identificación* de los empleados que tienen potencial de incrementar la capacidad adaptativa de la organización.
- La disposición de apoyar al proceso de *maduración* de los trabajadores a medida que crecen y se desarrollan.
- Un sistema y una cultura que permitan a los empleados recibir una *retroalimentación honesta.*
- La determinación para constantemente plantear *nuevos desafíos* a los empleados talentosos.
- *Modelos* que representen el tipo de talento que necesita la organización.

- **Capacidad de socializar e integrar a los demás**

Estas dos capacidades se consideran las más importantes de las personas. El ser humano es sociable por naturaleza, se siente bien viviendo en comunidad, el hombre primitivo empezó a asociarse a través de clanes y tribus. En las empresas, el armar equipos de trabajo productivos hace que los trabajadores se integren, socialicen y empiecen a producir eficazmente. El proceso de socialización consiste en comprender a los demás y aceptar sus comportamientos. Yubero (2005) considera a la socialización como el proceso de aprendizaje de: a) las conductas sociales consideradas adecuadas dentro del contexto donde se encuentra el individuo en desarrollo junto con b) las normas y valores que rigen esos patrones conductuales (p. 1).

- **Armar equipos de trabajo efectivos**

Para un gerente del cambio es supremamente relevante armar equipos de trabajo efectivos. Ser eficaz es cumplir con las metas y lograr los objetivos. Ser eficiente es lo mismo, pero optimizando los recursos organizacionales; es la relación entre menores costos en el menor tiempo posible. Ser efectivos es cumplir con las dos anteriores condiciones, es decir, ser eficaces y eficientes.

Katzenbach y Smith (1998) definen el equipo de trabajo "como un número reducido de personas con capacidades complementarias, comprometidas con un propósito, un objetivo de trabajo y un planeamiento común y con responsabilidad mutua compartida" (p. 39). Según Hammer, citado por Hellriegel y otros (1996), "un equipo es un número pequeño de empleados, con habilidades y conocimientos complementarios, comprometidos con metas de desempeño comunes y relaciones interactivas de las que se consideran a sí mismos mutuamente responsables" (p. 234). Cada integrante del equipo es responsable de determinadas acciones y el trabajo en equipo se fundamenta en la coordinación, la comunicación, la confianza, el compromiso y la producción de resultados. Si nadie se hace responsable de las tareas, no se dan resultados óptimos (Maldonado, J., 2018, p. 4).

Para Robbins (1998), "un equipo de trabajo genera una sinergia positiva por medio de un esfuerzo coordinado. Sus esfuerzos individuales dan como resultado un nivel de desempeño mayor que la suma de los insumos individuales" (p. 348). "Un ejemplo lo constituye un equipo de fútbol, todos trabajan en determinada área y realizan diversas labores, ya sea de defensa o ataque, buscando resultados positivos, al obtener el triunfo cuando marcan más goles que el equipo contrario" (Maldonado, J., 2012).

La coordinación es necesaria, pues del esfuerzo de todos se producen los resultados. Un equipo de trabajo efectivo, según Tuckman (1999), tiene las siguientes características:

- Una comprensión clara del objetivo del proyecto.
- Expectativas claras del papel y las responsabilidades de cada persona.
- Una orientación hacia los resultados.
- Un alto grado de cooperación y colaboración.
- Un alto grado de confianza.

La eficacia más la eficiencia nos da la efectividad. Según Chiavenato (1994), la eficacia es una medida normativa para alcanzar resultados y la eficiencia corresponde a la utilización adecuada de los recursos disponibles. El trabajo en equipo efectivo influye positivamente en las organizaciones.

Para concluir con este capítulo, un líder de la gestión del cambio no solamente debe tener capacidad adaptativa a todas las situaciones que se presenten en la empresa, sino tener espíritu combativo, constancia, firmeza y mentalidad abierta no solamente para cambiar, sino para anticipar los cambios, porque, en un mundo tan cambiante como el actual, o cambia o lo cambian.

Integrarse con las personas es tener empatía para con ellas. La empatía consiste en la capacidad para identificarse, comprender y compartir las penas y alegrías con los demás. Es ponerse en la situación del otro. Al socializar con el otro o con un grupo o con un equipo de trabajo, tenga en cuenta los siguientes consejos:

- Llegue e incorpórese con sutileza al grupo.
- Salude con naturalidad.
- Sonría, no le cuesta nada.
- Mire a los ojos.
- Observe cómo se comportan los demás en el grupo.

- Escuche con cuidado y no interrumpa a no ser que le soliciten su opinión.
- Piense para hablar. Es mejor pensar para hablar que hablar para pensar.
- Adopte una actitud positiva ante los hechos y los comentarios.
- Sea amable y generoso.
- Evite ser prepotente, es de justos y sabios ser humilde.
- Manténgase informado y actualizado.

No juzgue a los demás así no comparta las ideas del otro. Un filósofo francés, Voltaire, decía sabiamente: "No comparto tu opinión, pero daría mi vida por defender tu derecho a expresarla".

Figura 5.
Consejos para socializar e integrarse a un grupo.

¿CÓMO ARMAR EQUIPOS DE TRABAJO EFICIENTES?

Armar un equipo de trabajo eficiente no es una tarea fácil. Tiene sus complejidades. Lo ideal es aprovechar la experiencia de los mayores, de aquellos que tienen varios años de trabajar en la empresa, y la fogosidad, el temperamento y la adaptabilidad a los cambios y al riesgo de los jóvenes. Tomando una posible proporcionalidad, diría que un 60 % de personal mayor un 40 % de trabajadores jóvenes. Pep Guardiola, director técnico de futbol en sus mejores épocas con el Barcelona (2009-2012), fue denominado el mejor entrenador de la historia, llamado así porque logró ganar todos los títulos que se pueden conseguir en el año 2009, seis (6) títulos en un año, como son: la Liga española, la Copa del Rey, Supercopas de España y de Europa, Champions y el Mundial de Clubes. Fueron excelente resultados en los cuatro años que estuvo al frente de este equipo. Su estrategia consistió en que supo integrar la experiencia de algunos jugadores más veteranos con el dinamismo de los jóvenes, fundamentado en el toque y el pase del balón. Organizó un equipo agresivo, fundamentado en los resultados y los logros.

ESTUDIO DE CASO

UNIVERSIDAD CÚCUTA (RESISTENCIA AL CAMBIO)

En una institución educativa, Universidad Cúcuta, ante los problemas de aislamiento social por razón de la pandemia, al docente Benigno Martínez le asignaron tareas de teletrabajo; sus actividades van a ser controladas por una nueva plataforma virtual donde debe registrar todos los días laborales las tareas realizadas. La capacitación de forma virtual no es tan clara y, por lo tanto, se molesta presentándose una reacción al cambio.

Sin embargo, el líder de su área lo cita a una reunión y le informa de manera muy sencilla sobre sus operaciones. Hoy en día, se encuentra el trabajador satisfecho con sus labores. Explique con sus palabras, ¿cuáles son sus razones con respecto al cambio y cómo resolvió su líder de área el *impasse* de resistencia al mismo?

CAPÍTULO II

CONCEPTOS Y COMPONENTES DE INNOVACIÓN

Innovar no es presentar nuevas ideas, sino buscar aplicaciones a la solución de problemas cotidianos.

CONCEPTOS

La innovación es un concepto un poco complejo, sin embargo, sin innovación las empresas no progresan ni se mantienen en el mercado globalizado del mundo actual. China es un país que continuamente hace innovación en tecnología, productos y servicios y por esta razón son líderes del mercado mundial. Se puede decir que China está invadiendo todos los países con sus productos, hasta en el sector automotriz, que en épocas anteriores lo dominaban EE. UU., Japón y Francia (con su marca Renault), entre otros.

Innovar es crear o modificar un producto, materiales, equipos, tecnología, procesos, servicios, formas de vender y mercadear, entre otros, e introducirlos en un mercado cada día más competitivo, obteniéndose ganancias por estas novedades o acciones.

El *Manual de Oslo* de la OCDE (1997), en su segunda versión, define la innovación como la introducción en el mercado de productos tecnológicamente nuevos o mejorados, así como la utilización de métodos de producción con mejoramiento tecnológico... y que lo han realizado por un período determinado.

Se define innovación como: cambio, mejora, perfeccionamiento, revolución, trasformación, rediseño, desarrollo tecnológico, transferencia, creatividad, novedad, nuevos productos, nuevos procesos, nuevos equipos, nuevas ideas, satisfacción al cliente (Suárez Mella, R., 2018, p. 214).

Ferrás (2010) conceptúa que:

> *"La innovación será la carta de presentación de la nueva era. No se percibirá como en la era industrial que dejamos definitivamente atrás. No será un concepto como el que hemos conocido hasta hoy. No se restringirá a la tecnología, no será un fenómeno mecanicista, como en la edad de oro de la fabricación, que tendrá por el contrario múltiples perspectivas, la innovación se presenta como el eje fundamental de la competitividad, la riqueza y la estabilidad de los países en el nuevo siglo" (p. 24).*

COMPONENTES DE LA INNOVACIÓN

Los elementos o componentes que forman parte de la innovación son:

- Crear equipos de trabajo efectivos.
- Fomentar la creatividad.
- Entrenar al equipo de trabajo en el hábito creativo.
- Alinear la innovación con los objetivos organizacionales.
- Señalar el blanco o meta a alcanzar.
- Hacer al equipo de trabajo una pregunta simple y retadora.
- Visualizar al cliente.
- Potenciar la búsqueda de ideas protegiendo el objetivo.
- Lluvia de ideas.
- Análisis de las ideas aportadas.
- Seleccionar tres ideas y sustentarlas con resultados monetarios.
- Escoger la más rentable.

CARACTERÍSTICAS DE LAS EMPRESAS INNOVADORAS

- Visión.
- Aprovechamiento de oportunidades.
- Investigación continua de mercados, procesos, productos, servicios y gestión.
- Dirigentes dispuestos al cambio.
- Equipos de trabajo creativos.
- Manejo de la incertidumbre.
- Tecnología de punta.
- Inversión para la innovación.
- Perseverancia en planes, programas y proyectos.

Tabla 2.
Conceptos de las características de las empresas innovadoras.

Características	Conceptos
Visión	Las empresas deben visualizar el futuro, deben tener un futuro deseable. Saber para dónde van en un tiempo determinado. Considérese como la habilidad del directivo de percibir el futuro a largo plazo dentro de determinado tiempo.
Aprovechamiento de oportunidades	Es la capacidad de los directivos de las organizaciones de visualizar oportunidades en el mercado actual y aprovecharlas para beneficio de ella misma.
Investigación continua de mercados, procesos, productos, servicios y gestión	Es la constante averiguación, indagación de forma continuada de nuevos mercados, procesos, productos, servicios, tecnología y gestión con el objeto de tener la suficiente información para la toma de decisiones.

Características	Conceptos
Dirigentes dispuestos al cambio	Es contar con directivos de visión amplia para no solo adaptarse al cambio, sino también para producirlo.
Equipos de trabajo creativos	Es tener suficiente personal motivado al trabajo creativo e innovador.
Manejo de la incertidumbre	Sus trabajadores deben ser atrevidos a enfrentarse a los riegos contando con el suficiente conocimiento e información.
Tecnología de punta	Adquirir tecnología de punta en maquinaria, equipos, herramientas y *software*, para renovar continuamente estos recursos, como también contar con el talento humano necesario entrenado para tal fin.
Inversión para la innovación	Contar con los suficientes recursos para la adquisición de equipos, maquinaria, herramientas y *software* para estar a la vanguardia con la tecnología.
Perseverancia en planes, programas y proyectos	Ser constantes en la planeación, organización, ejecución y control de planes, programas y proyectos y no desfallecer ante las dificultades que se presentan en la ejecución de los mismos.

En todo tipo de organización son de vital importancia los planes, programas y proyectos, ya que estos forman parte del proceso de planeación. Un plan se pone a funcionar a través de varios programas y un programa implica poner en marcha diferentes proyectos. ¿Qué es entonces un plan? Un plan es un documento que incluye objetivos y metas que se desean cumplir en un tiempo determinado.

Un plan parte de un diagnóstico de la situación a enfrentar y establece una evaluación de las dificultades, detallando un conjunto de acciones a ejecutar. Los planes contienen prioridades, políticas, recursos, presupuestos, cronogramas, responsabilidades, indicadores y evaluación.

Los planes pueden ser: estratégicos, tácticos y operativos. Los estratégicos son formulados por la alta dirección de la empresa, como son la junta directiva, la alta gerencia o los directores de división y son para un período de tres a cinco años. Los tácticos los lideran los jefes de área o departamentos y en ellos se determinan tareas y aspectos a mediano plazo (de uno a tres años), pretenden el manejo más adecuado de los recursos. Los operativos son formulados por los mandos medios, como son los jefes, coordinadores y supervisores, y su duración es a corto plazo, no superan el año, van encaminados al cumplimiento de metas.

¿Qué es un programa? Es una agrupación de actividades secuenciales o simultáneas que son ejecutadas por los equipos de trabajo a fin de lograr los objetivos empresariales. Perea Arias (2017) lo define como: "Un programa social comprende un conjunto de proyectos que persiguen objetivos, que pueden diferenciarse por trabajar con poblaciones diferentes y/o utilizar distintas estrategias de intervención" (p. 10).

¿Qué es un proyecto? Lo conforma una serie de acciones, dentro de un proceso operativo, dirigidas a cumplir un objetivo, que incluye recursos y medios para lograrlo.

EVALUACIÓN DEL CAPÍTULO

1. ¿Qué considera usted tecnología de punta?
2. Escriba con sus palabras en qué consiste la innovación empresarial.
3. ¿Qué es innovación tecnológica?
4. Enumere las principales características de la innovación.
5. Investigue cuántos tipos de proyectos puede haber.

ESTUDIO DE CASO

Empresa inmobiliaria XYZ

La empresa inmobiliaria XYZ desea innovar en servicios y para tal efecto dispondrá de las siguientes estrategias:

1. Lluvia de ideas o *brainstorming*.
2. Equipo de trabajo creativo y con mentalidad abierta al cambio.
3. Señala como meta o clientes potenciales a profesionales que ganan entre tres a seis salarios mínimos legales vigentes.

Para que exista una completa estrategia de innovación en la empresa, ¿qué otros elementos o características debe implementar, considerando que es un mercado inmobiliario muy competitivo?

CAPÍTULO III

TIPOS DE INNOVACIÓN

De acuerdo con un trabajo de investigación que se realizó sobre los procesos de innovación en la industria manufacturera colombiana por Maldonado-Pinto, J. y Portilla-Barco, L. (2020), se detectaron como hallazgos los siguientes tipos de innovación:

Figura 6.
Tipos de innovación

Innovación tecnológica: adopción de nuevas tecnologías a la producción de artículos y servicios. También tiene que ver con la utilización de las TIC en los procesos.

Innovación de producto: se refiere al lanzamiento de nuevos artículos o bienes al mercado global, con características y funcionamiento radicalmente mejorados.

Innovación de proceso: representa mejoras sustantivas en producción, logística, precios, administración, inventarios, mejora continua y tiempos de entrega, entre otras.

Innovación de servicio: el mejoramiento, cambio o incremento en los servicios que se vienen prestando en la empresa.

Innovación en marketing: comprende todo lo relacionado con el proceso de mercadear productos o servicios dentro de un proceso creativo que incorpore nuevas formas de vender y de servir a los clientes habituales y potenciales, teniendo en cuenta sus necesidades, deseos, gustos, preferencias y hasta las expectativas en relación a lo que se les está ofreciendo.

Innovación adaptativa: consiste en hacer pequeñas adaptaciones en productos o servicios. Quien no innova, está condenado a desaparecer. Es adaptarse a los cambios que se presentan en el mercado; la adaptación tiene que ser inteligente, es decir, ir más allá de lo que piensa o hace la competencia.

Innovación incremental: supone la modificación continua de la tecnología existente con el objeto de disminuir costos. Se considera innovación incremental cuando se incrementa el valor de un producto o servicio.

Innovación en gestión: también llamada innovación organizacional. Trata de introducir en la empresa nuevas herramientas administrativas o gerenciales, que van desde la planeación hasta la implementación de modelos gerenciales y su evaluación.

Innovación en equipos de trabajo: hay que crear ambientes de trabajo para la innovación. Se produce cuando los miembros del equipo aportan ideas o soluciones a los problemas que se presentan en las reuniones que se citan para tal fin, es como una sinergia enriquecedora.

El Manual de Oslo desarrollado por la Organización para la Cooperación y el Desarrollo Económico (OCDE), en el año 2005, define a la innovación como sigue: es la introducción de un nuevo o significativamente mejorado producto (bien o servicio), de un proceso, de un nuevo método de comercialización o de un método organizativo, en las prácticas internas de la empresa, la organización del lugar de trabajo o las relaciones exteriores; los tipos de innovación que plantea son los siguientes: innovación de producto, innovación de proceso, innovación de organización e innovación de marketing (Palacio-Fierro, A. et al., 2017, pp. 85-88).

OTROS TIPOS DE INNOVACIÓN

Otros autores tienen en cuenta otros tipos de innovación:

- **Innovación técnica:** esta apunta a las prácticas novedosas dentro de los diferentes oficios, la cual, por lo general, está enfocada a optimizar recursos y tiempo (Burcharth, Knudsen & Søndergaard, 2014).
- **Innovación de los servicios:** estas están dirigidas al mejoramiento de procesos y la gestión (Allen, Adomdza & Meyer, 2015).
- **Innovación del diseño:** esta varía mucho dependiendo de la naturaleza del diseño, pero básicamente está enfocada en casi todos los hábitos a las expresiones más creativas y funcionales (Hittmar, Varmus & Lendel, 2015).
- **Innovación social:** la innovación social está referida al gran espectro de soluciones innovadoras a problemas sociales y ambientales (Pantano, 2014).
- **Innovación tecnológica:** esta está enfocada principalmente a la presentación de productos tecnológicos cada vez más multifuncionales y accesibles. (Kozioł, Kozioł, Wojtowicz & Pyrek, 2015).

La innovación también puede diferenciarse según la forma de su surgimiento:

- **Innovación cerrada** (*closed innovation*), donde los innovadores se encuentran solamente dentro de una organización (Durst, Mention & Poutanen, 2015).

- **Innovación abierta** (*open innovation*), donde las organizaciones se encuentran en un mundo crecientemente diversificado con el conocimiento internacionalmente.

También se clasifican de acuerdo con su grado de "novedad". Aquí se considera la combinación entre el propósito del objeto o producto y los medios con los que se alcanza ese propósito. Si una innovación alcanza valores altos en ambas dimensiones, se habla entonces de una innovación radical, disruptiva o revolucionaria (Allen *et al.*, 2015; Durst *et al.*, 2015; Schuhmacher, Germann, Trill & Gassmann, 2013). La innovación también tiene dos categorías, como la innovación incremental y la innovación radical: la innovación incremental es cuando se producen cambios graduales y continuos en períodos de tiempos cortos dándole un valor agregado con respecto a la competencia y la innovación radical se da cuando se propone una idea completamente nueva en procesos, productos o servicios (citados por Navarro-Medina, R. & Moreira-Bazurto, C., 2018, pp. 64-65).

También se habla de innovación marginal, la cual consiste en mejorar la propuesta de valor existente. Por ejemplo, una multinacional de alimentos lácteos decidió mejorar el empaque con diseños agradables a los ojos de los niños y a sus productos los hizo más apetecibles y ricos con un sabor achocolatado.

ESTUDIO DE CASO

QUÍMICA CON LA MUERTE:

Resumen de Maris, S. (2014).

Martínez estudiaba Ingeniería de Procesos de la universidad EAFIT y dentro de una de sus clases conoce a Felipe Escudero. Los dos empiezan a hablar de su vida y Felipe le cuenta que él era el conductor de un vagón del metro y le dice que lo quiere ayudar a crear su empresa. Escudero vendía gominas. Así que los dos empezaron a ofrecer las gominas y a tratar de vender lo suficiente para empezar con su proyecto; después de varios intentos se dieron cuenta de que nada de lo que ellos intentaban estaba funcionando; intentaron ofrecerlo de muchas maneras y a muchas personas que les pudiera ayudar el producto, pero nada funcionó. Así que se dedicaron a buscar en su entorno falencias que pudieran solucionar y como Felipe era chofer de un carro fúnebre y vivía en carne propia los atroces efectos de la utilización del formol en la preparación de los muertos, se inclinaron por la fabricación de un quimo que lo reemplazara. Empezaron a realizar varias investigaciones que pudieran ayudarles en la creación de su nuevo producto, un producto que no dañara el medio ambiente ni las instalaciones en las que un tanatopraxista preparaba a los cadáveres, y que a la vez le proporcionara buena salud y no desencadenase enfermedades que puedan dañar la salud del tanatopraxista como lo hace el formol. El rango tolerable de formol para que la persona no se afecte es de 0,5 partes por millón, o sea, cero-punto-cinco miligramos de formol en un metro cúbico de aire. En mediciones llevadas a cabo en varias funerarias de Medellín, se comprobó que, cuando una persona entra a una sala de tanatopraxia y se lleva las manos a los ojos porque los siente irritados, hay 5 partes por millón. De 0,5 a 5 se está excediendo en un 90 % el rango permisible.

Cuando uno lo siente en la nariz, hay 10 partes por millón en el ambiente. Cuando lo siente en la tráquea, hay 25 partes por millón Y ya empieza a hacer daño a la salud pudiendo causar cáncer.

Los dos empezaron por hacerse la idea de tener un laboratorio en el que pudieran hacer las investigaciones para empezar a crear su nuevo producto que reemplace al formol; tenían que investigar la anatomía, la estructura del cuerpo humano, todo el proceso de la descomposición orgánica y, con todo eso, sacar una mezcla que rebatiera los problemas del formol. Para comprobar si la mezcla que estos dos ingenieros habían desarrollado ya estaba lista, ellos colocaban vísceras de cerdo en formol y vísceras de cerdo en la mezcla. Las de formol se conservaban y estaban estables, mientras que las de la mezcla nueva estaba llena de gusanos, gusanos y gusanos. La mezcla funcionó en un año y medio después de haber invertido parte del sueldo de la funeraria y toda la plata de las gominas en los reactores de la investigación relacionados con este proceso.

Empezaron a realizar pruebas en cadáveres y la mezcla funcionaba correctamente, es decir, mejor que el formol, porque dejaba a los cadáveres como si estuvieran dormidos, con los órganos conservados y coloreados, así que ellos decidieron a empezar a comercializarlo en las funerarias con el fin de reemplazar el formol con su innovador producto. Para poder vender su producto, necesitaban de muchas cosas y mucha orientación, así que los estudiantes de ingeniería le presentaron su proyecto al jefe de la carrera y él les dijo que no tenían nada de su plan de negocios y que no podían llegar lejos con una simple idea. Escudero y Martínez no querían ser empleados, querían montar su propia empresa, así que el profesor Mesa empieza a ayudarlos para que ellos puedan sacar adelante su producto. En una de sus conferencias, estos dos ingenieros autorizan al profesor Mesa para que él pueda hablar del nuevo producto. El profesor les preguntó cuál era su mercado, a quién le iban a vender, con qué márgenes podían trabajar, si ellos eran los indicados para el negocio, si tenían el capital requerido y si reunían las condiciones necesarias tanto de conocimiento como de experiencia para llevarlo a cabo.

¿Qué tipo de innovación se presenta en este caso? Explique con sus argumentaciones cada una de ellas.

CAPÍTULO IV

INNOVACIÓN TECNOLÓGICA

Tiene que ver con los cambios que se realizan en maquinaria, equipos, herramientas, procesos y *software*, entre otros, que se dan en la organización para la fabricación y comercialización de productos innovadores con el objeto de llegar a ser competitivos en un mundo cada vez más globalizado.

Figura 7.
Características principales para tener innovación tecnológica.

- **Capacidad de adaptarse** a las nuevas tecnologías. La organización debe tener la capacidad de adaptarse a cualesquiera de las nuevas tecnologías que se estén utilizando en los mercados actuales.

- **Habilidad de aprendizaje.** Desarrollo del conocimiento para mejorar la capacidad de hacer las cosas. Las habilidades de aprendizaje son aquellas que los integrantes del equipo de trabajo poseen y adquieren, tienen que ver con la observación, la indagación, la toma de notas, la lectura efectiva, la comprensión de lectura y la administración del tiempo, entre otras.

- **Capacidad para crear y renovar** técnicas de producción, procesos, productos y servicios. El equipo de trabajo en la innovación tecnológica debe tener el conocimiento, la experiencia y las habilidades necesarias para crear y renovar técnicas en procesos, productos y servicios, como también para cocrear con los clientes, diseños y ambientes para su completa satisfacción.

- **Focalizar mercados.** Centrarse en mercados homogéneos que necesiten resolver algunos problemas de aprovisionamiento.

- **Reconocer tendencias** en mercados globalizados. En los mercados globalizados actuales se presentan constantes transformaciones de manera profunda que marcan tendencias futuras a tener en cuenta en los procesos de innovación tecnológica. Actualmente, es un comportamiento que se está destacando y cogiendo gran fuerza.

Para adquirir comportamientos de innovación tecnológica, se deben tener en cuenta las siguientes estrategias: ofensiva, defensiva, imitativa, oportunista y tradicional (Freeman, citado por Martínez, L., 2010, p. 43).

Estrategia de innovación ofensiva. Pretende mediante el liderazgo empresarial posicionarse en el mercado con respecto a los competidores aprovechando al máximo las oportunidades y las ventajas competitivas que ofrece el entorno. Introduce, en primera instancia, nuevos procesos, productos y servicios en el mercado, utilizando para ello tecnologías de punta.

Tabla 3.
Estrategias de innovación.

Ofensiva	Innovación de ruptura.
Defensiva	Innovación incremental.
Imitativa	Reproduce desarrollos de terceros.
Oportunista	Aborda nichos de mercado con desarrollos hechos a la medida del nicho.
Tradicional	No evolución.

Estrategia de innovación defensiva. Ante el ataque continuado de la competencia tecnológica, la empresa trata de reaccionar y se adapta ante cualquier cambio, transformación, avance o modificación aprovechando las oportunidades del mercado.

Estrategia de innovación imitativa. La establecen aquellas empresas que no tienen la capacidad económica para crear su propio departamento de investigación y desarrollo. Se trata de comprar tecnologías ya existentes o patentes arrendadas y siguen los pasos de organizaciones líderes.

Estrategia de innovación oportunista. Es aquella que se refiere a cuando la organización detecta alguna oportunidad en un mercado cambiante y explota un nicho que ninguna otra empresa había pensado en atenderlo.

Estrategia de innovación tradicional. Se diferencia de la dependiente en que su producto o servicio cambia muy poco o nada. Puede cambiar sus diseños, presentaciones, envases, empaques, eslogan, entre otros, pero no cambia las especificaciones técnicas del producto, como, por ejemplo, la tradicional envasadora de gaseosas Coca-Cola, porque para ellos lo importante es incrementar sus ventas y vender bien.

GESTIÓN DE INNOVACIÓN TECNOLÓGICA

Es aquel proceso orientado a planear, organizar y dirigir los recursos disponibles en la empresa, tales como estructura, humanos, técnicos y económicos, con el propósito de crear valor, ideas, conocimiento e información para renovar, mejorar procesos, productos y servicios para satisfacción de los clientes. Se considera también al uso de los conocimientos aplicados a una administración de recursos como herramienta eficiente en la sostenibilidad a largo plazo de las empresas aplicando tecnología que permita la consecución de resultados positivos en la organización que permitan su crecimiento y desarrollo económico.

ELEMENTOS DE LA GESTIÓN TECNOLÓGICA

En el año 2005, Tamhain, dentro de su publicación *Managing effectively in technology intensive organizations*, establece las 6 fuerzas que guían a las empresas de tecnología:

- Cambio de procesos lineales a sistemas dinámicos.
- Cambio de eficiencia hacia efectividad (eficacia más eficiencia).
- Cambio de ejecución de proyectos a gestión de proyectos.
- Cambio de gestión de información hacia tecnología de utilización de la información completa.
- Cambio de gestión de control a la autodirección.
- Rendición de cuentas.

Cambio de procesos lineales a procesos dinámicos

En la producción se denomina procesos lineales a la secuencia de operaciones en un flujo de productos; se planifica de acuerdo a la demanda, lo único que se cambia en el tiempo es la cantidad a producir. La fabricación puede ser continua o en serie. Cuando la producción es continua, se produce diariamente sin interrupción ni transición entre operación y generalmente obedece a productos estandarizados.

Producción en serie: hay cierta transición entre las operaciones y están diferenciadas por aplicación de maquinaria, equipos y herramientas, así como por el talento humano experimentado distinto en cada operación. Ejemplo de procesos lineales es la producción de bebidas gaseosas.

Procesos dinámicos: son aquellos que evolucionan en el tiempo. Son sistemas con memoria, capaces de almacenar información y energía. El aprendizaje es un proceso dinámico. Brizuela y Scheur (2016), conceptúan que: "los enfoques dinámicos y situados hacia el cambio cognitivo conducen tanto a oportunidades como a retos en la investigación" (p. 652). El aprendizaje continuo en el tiempo evoluciona en conocimientos, saberes y experiencias positivas entre los equipos de trabajo. Por esta razón, es recomendable el aprendizaje continuo, sistemático y dinámico en las organizaciones.

Cambio de eficiencia hacia efectividad

La eficacia tiene que ver solo con resultados, ya sean positivos o no. La eficiencia es la obtención de resultados optimizando los recursos en el menor tiempo posible, sobre todo cuando son escasos. Y la efectividad es la suma de la eficacia más la eficiencia. Se denomina efectividad a la capacidad de lograr los objetivos de la empresa optimizando los recursos. Es la ejecución completa de un proceso en el menor tiempo posible, optimizando los recursos y obteniendo resultados en el cumplimiento de objetivos y metas de manera favorable para la organización.

Figura 8.
Proceso de elaboración y embotellamiento de la gaseosa.

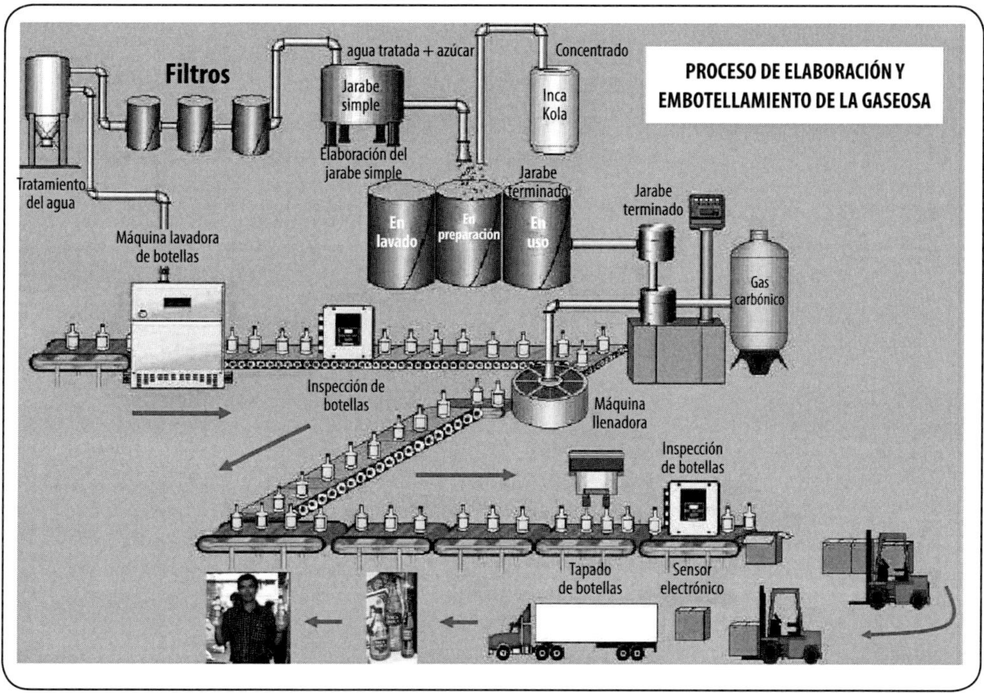

Fuente: Google imágenes. Proceso de Fabricación Inca Kola(Ramirez, 2014)

Cambio de ejecución de proyectos a gestión de proyectos

Durante la realización de un proyecto, se deben monitorear todos los pasos que se refieren a sus tareas y actividades sin desviarse del rumbo o norte planificado, haciéndose los ajustes y correcciones necesarios sin desviarnos del propósito final. La gestión de proyecto abarca todas las acciones encaminadas a cumplir con los objetivos proyectados en un período de tiempo determinado durante el cual se utilizan todos los recursos disponibles en la ejecución del presupuesto.

Cambio de gestión de información hacia tecnología de utilización de la información completa

Para Gómez (2015):

> *"Todo nuevo emprendimiento realizado en cualquier tipo de organización hace necesario el análisis de una estrategia de cambio. En el caso puntual de la implantación de nuevos sistemas de información, se han intentado aplicar las técnicas asociadas a evitar la resistencia al cambio que, en ciertas ocasiones, ha provocado el fracaso de los nuevos sistemas. Es real que muchos empresarios creen que con un cambio de tecnología generarán mejoras profundas en sus sistemas de información imprescindibles en una visión competitiva del mundo real actual, pero en este proceso de avance tecnológico no se ha visto el impacto esperado en los sistemas de información" (p. 178).*

Figura 9.
Modelo de gestión del cambio de los sistemas de información

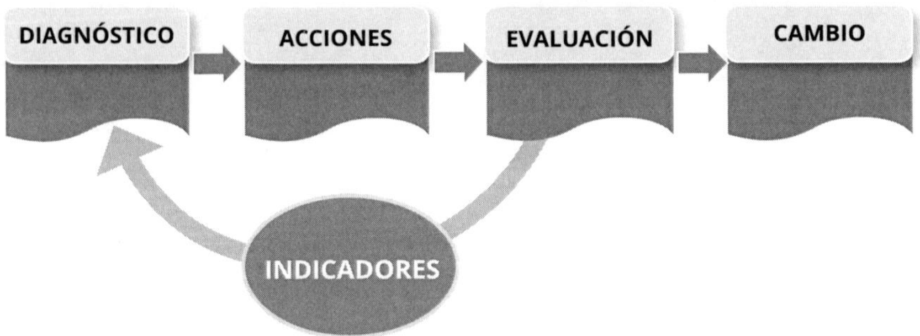

Siguiendo este modelo, se inicia la gestión del cambio con un diagnóstico de la situación actual en cuanto a innovación tecnológica y se ejecuta una serie de acciones para mejorarla, por ejemplo: compra de plataforma y *software* de sistemas de información actualizados, se capacita y se adiestra al personal en la utilización de todo el sistema, se evalúa constantemente el funcionamiento del mismo, se aplican indicadores de gestión tanto cuantitativos como cualitativos, se retroalimenta el sistema con la información recolectada y, al final, debe producirse un cambio favorable para la organización.

Importancia de la gestión del cambio en los sistemas de información

La transformación en los sistemas de información ha venido creciendo de forma muy acelerada. Teniendo en cuenta que el internet se presenta como una nueva herramienta de comunicación, la cual se encuentra dentro de las TIC, definida como "Un conjunto de herramientas electrónicas utilizadas para la recolección, almacenamiento, tratamiento, difusión y transformación de la información representada de forma variada" (Ibáñez & García, 2009). Ante un mercado tan competitivo y la globalización de la economía, se hace muy importante contar con tecnologías avanzadas de información y comunicación porque, de esta forma, se facilita el éxito en las iniciativas y proyectos de la empresa, se garantiza el crecimiento y desarrollo organizacional y se aprovecha de manera eficiente al talento humano, siempre y cuando se le entrene y capacite en estas tecnologías. Puede llegar a motivar y a elevar la moral de los trabajadores siempre y cuando agilicen sus procesos y no los problematicen. Y lo más esencial, facilitan el cambio. También pueden reducir el tiempo de las operaciones, los costos y aumentar la productividad. Las gestiones del cambio fundamentadas en las nuevas tecnologías requieren de planes definidos con objetivos y metas claras que podrían generar resultados positivos en las ganancias del negocio.

Cambio de gestión de control a la autodirección

La autodirección tiene que ver con la capacidad de tener el control sobre uno mismo. La necesidad de autodirigirse, teniendo en cuenta la responsabilidad de los seres humanos de cumplir con las actividades y metas, hace a estas personas más íntegras y seguras de sí mismas. Trabajar por resultados es más edificante que hacerlo por temor al control implantado en las organizaciones. Los controles son necesarios, sin embargo, cuando se trabaja motivado por mostrar resultados es más importante que trabajar por cumplir los objetivos y metas. En este proceso, entra la motivación por hacer un trabajo efectivo producto de la capacidad intelectual de cada individuo. Definitivamente, es más productivo el cambio de la gestión de control a la autodirección.

Rendición de cuentas

Es una acción de control social, además de una responsabilidad individual de los dirigentes de mostrar resultados de su gestión a través de una evaluación de sus acciones en un período de tiempo determinado. Es una costumbre social que se volvió normatividad. Debe realizarse con acciones y hechos comprobables en cifras y resultados positivos para la sociedad o comunidad donde realizó su gestión.

ESTUDIO DE CASO

FORD MOTOR COMPANY DEL BRASIL

La cadena logística de la planta ensambladora de la Ford Motor Company de Brasil es una de las más complejas del consorcio automotriz a nivel mundial, debido a los numerosos insumos que se requieren para sus altos volúmenes de producción, la recepción de materiales provenientes de EE. UU. y el abastecimiento diario a la línea de ensamble. Sin embargo, la complejidad de la cadena logística no radica únicamente en la recepción y el abastecimiento de materiales, sino que también incluye la recepción de pedidos de sus clientes, la conversión de estos en programas de producción realizables, la emisión de pedidos de materiales a sus proveedores y, finalmente, la distribución de productos terminados a sus diferentes clientes alrededor del mundo. Todos estos procesos tienen el objetivo de satisfacer plenamente a todos sus clientes conforme a la exigencia de los mercados globalizados e inmersos en constantes cambios tecnológicos. Para tal efecto, utilizan unos sistemas de información un poco obsoletos que a veces entorpecen las operaciones y además se está produciendo cierta resistencia al cambio entre sus trabajadores. Ante estos retos, la compañía percibió la necesidad de renovar sus sistemas a través de una herramienta integrada capaz de gestionar la complejidad de su proceso logístico y financiero.

Debido a cierto rumor sobre la posible reducción de personal por parte de Ford Motor Company de Brasil y ante una supuesta alianza estratégica con la Volkswagen con el objeto de mejorar la entrega de camiones oportunamente a sus clientes, los trabajadores de la Ford Brasil, a través de su sindicato, anuncian una suspensión de labores, que perjudicaría sustancialmente a la ensambladora y retrasaría más tiempo la entrega de los automotores a sus clientes.

Usted, como líder de la gestión del cambio de la compañía, ¿cómo afrontaría tal situación?

CAPÍTULO V

PROCESOS DE INNOVACIÓN EN COLOMBIA

Hablar de procesos es una tarea interesante. Los procesos son una secuencia lógica de etapas o pasos que se dan en las organizaciones para lograr resultados específicos. Toda innovación implica un cambio, el cual debe ser rentable, es decir, que produzca ganancias, en el sentido literal de la palabra (beneficio o provecho que se obtiene de una cosa). Los cambios no son buenos o malos, son indispensables e importantes; en las organizaciones, quien no cambie, simplemente lo cambian. Los cambios no han sido ni son fáciles de soportar, puesto que estos producen resistencias en la organización, por ejemplo, en sus trabajadores, los cuales deben adaptarse o superarlos para lograr los objetivos propuestos. Hacer cambios en una organización no es tarea fácil; a los trabajadores les encanta estar en una zona de confort, donde nadie interfiera con sus tareas. En las organizaciones puede haber varios cambios: aquellos que no implican modificaciones sustanciales en los productos, tareas, procesos o servicios o los que realmente sí producen modificaciones o transformaciones sustanciales. En este último tipo de cambios las resistencias son mayores; este tipo de cambio puede afectar las políticas, estrategias o tácticas de las organizaciones, su estructura de poder, sus valores corporativos o los enfoques de liderazgo, entre otros. Podemos considerar como este tipo de cambios los siguientes:

1. El cambio en la flexibilidad organizativa, donde los trabajadores dejan a un lado toda la realización de labores específicas y pasan a desempeñar funciones jerárquicas de acuerdo al proyecto que emprendan.

2. El cambio asociado a las innovaciones tecnológicas, donde, por ejemplo, el empleado ha ascendido de operador de un equipo a supervisor de un proceso, mientras que, en el otro caso, ha perdido el estatus calificado para convertirse en simplemente un alimentador del proceso automatizado.

3. El cambio en los procedimientos de fabricación. Los trabajadores están acostumbrados a hacerlo de una forma y su procedimiento ha sido cambiado con el objeto de ahorrar tiempo y disminuir costes.

4. El cambio en la retribución salarial como producto de la evaluación de desempeño. Se consideran variables como la producción, la antigüedad, los títulos, los incentivos, el menor tiempo de hacer una tarea, en función del desempeño, etc.

Todo este tipo de cambios, más cuando se toca el bolsillo de los trabajadores, ocasiona molestias graves entre los empleados. La necesidad del cambio organizacional viene precedida por una serie de indicadores que inciden en la determinación de dichos cambios (*Habilidades directivas*, 2008, p. 31).

FUERZAS EXTERNAS

Son todas aquellas que tienen su origen fuera de la organización y que implican fuerzas de tipo global, de las cuales se han distinguido cuatro, a saber:

- Características demográficas
- Procesos tecnológicos
- Cambios en los mercados
- Presiones sociales y políticas

Características demográficas. La incorporación de la mujer al mercado laboral y su mayor compromiso y dedicación han hecho que las tendencias contractuales y organizativas de las empresas hayan cambiado para aprovechar el factor humano como gestión del cambio.

Procesos tecnológicos. El uso de la tecnología ayuda cada día más a mejorar los procesos y en particular la productividad y la competitividad en la empresa. Con procesos tecnológicos más eficientes, la rentabilidad es mayor.

Cambios en los mercados. Dada la globalización de los mercados, la competencia cada día es más dura, por lo tanto, demanda nuevas e innovadoras estrategias organizativas y de relación. Negocios que en el pasado pudieron ser nuestros más fuertes oponentes, hoy en día pueden ser nuestros mayores aliados estratégicos.

Presiones sociales y políticas. Las organizaciones actualmente están sujetas a determinados factores de todo tipo, sobre todo en los aspectos sociales y políticos de las empresas. La situación política o social de un país, si está en función de su importancia, puede marcar el destino de las empresas dentro de su área de influencia.

FUERZAS INTERNAS

Son todas aquellas que tienen su origen en las empresas y pueden derivarse tanto de los problemas internos como de las conductas y decisiones de los directivos:

Problemas y perspectivas del talento humano

El término "innovar" etimológicamente proviene del latín *innovare*, que quiere decir cambiar o alterar las cosas introduciendo novedades (Medina & Espinosa, 1994). Según Pavón y Goodman, "La innovación es el conjunto de actividades inscritas en un determinado período de tiempo y lugar que conducen a la introducción con éxito en el mercado, por primera vez, de una idea en forma de nuevos o mejores productos, servicios o técnicas de gestión y organización" (p. 92). La innovación es uno de los temas de mayor actualidad porque, a través de la innovación, las empresas crecen y se desarrollan al presentar productos y servicios de calidad nuevos que satisfagan no solamente las necesidades y deseos, gustos y preferencias de los consumidores, sino que llega hasta la satisfacción total y plena al colmar las expectativas individuales de los clientes. Los cambios que se forjen en procesos, productos y servicios deben producir beneficios o utilidades, pues sin rentabilidad, no hay innovación. Un problema importante a considerar del sector manufacturero colombiano es la falta de compromiso por parte de las empresas respecto a los requerimientos que exige un mercado competitivo (López, 2013). Por lo anterior, surge que las empresas deben ser conscientes de la relevancia que tienen los procesos de innovación dentro de las empresas (Banco Interamericano de Desarrollo, 2016). Las principales causas de la falta de fortalecimiento de la innovación en la industria colombiana, de acuerdo con la Asociación Nacional de Industriales (ANDI) (2012) son:

- El decrecimiento de la producción económica y el aumento del contrabando.
- La poca inversión extranjera, debido a los problemas de inseguridad y conflicto.
- Durante el 2015, algunos problemas fueron: el tipo de cambio, seguido de los costos y suministros de materias primas y, finalmente, los problemas de infraestructura y costos logísticos.
- La necesidad de comprar equipos y maquinarias de alta tecnología y sus costos relativamente altos debido al tipo de cambio.
- Poco compromiso por parte de las empresas respecto a los requerimientos que exige un mercado competitivo, es decir, la ausencia de políticas estructurales encaminadas a potenciar la industria para la competitividad internacional (López, 2013).
- Deficiencia de creación de ambientes propicios que les genere a los integrantes de las empresas un estímulo para la creación de ideas, desarrollo de inventos o mejoras, que no solo deben quedar planteadas, sino que la empresa y los gerentes deben hacerlas realidad.

- Escasez de capital humano calificado que facilite la innovación.
- Otros factores son la diversidad en el tamaño de empresas que existe, las diferentes productividades de cada una de ellas y la falta de coordinación entre las empresas.

Dado lo anterior, podemos deducir que la innovación en la industria manufacturera colombiana está muy incipiente por las siguientes razones:

- Falta de una cultura de innovación. Algunas solo se dedican a copiar diseños y modelos de productos fabricados en el exterior.
- Muy pocas industrias manufactureras protegen sus invenciones con patentes debidamente registradas.

- La estrategia tecnológica de cierta forma afecta positivamente la innovación corporativa. Para las organizaciones, la estrategia tecnológica es una forma de pensar, es una política de innovación. La estrategia tecnológica es un proceso que lo involucra todo y cuyo objetivo principal es la satisfacción total del cliente. Según los industriales, es muy importante la gestión de proyectos para la empresa porque a través de esta se adquiere una visión muy ampliada de la industria.

Se presentaron los siguientes hallazgos producto de una investigación cualitativa, resultados de la interpretación y análisis de las entrevistas con respuestas abiertas a nueve (9) informantes clave de las 30 empresas más innovadoras de Colombia, investigación realizada por la ANDI y la *Revista Dinero* (2021).

Tabla 4.
Diferentes formas de innovar.

#	Categorías	Explicación del concepto
1	Innovación tecnológica	La innovación tecnológica se refiere a la creación de un nuevo producto o servicio siempre dirigido a los consumidores. En otras palabras, lo que queremos decir es que existe innovación cuando las empresas presentan en el mercado nuevos elementos o, en su defecto, mejoran los ya existentes. Aunque esta innovación suele ir dirigida a la comercialización del producto o servicio, también puede relacionarse con los procesos de producción dentro de la empresa.
2	Innovación en procesos	Definición de nuevos procesos o la mejora de los existentes, encaminada a incrementar el nivel de eficiencia de la empresa. Innovación en la gestión: mejoras en las actividades de gestión de la empresa (logística, administración, almacén, etc.).
3	Innovación en productos	Consiste en la introducción en el mercado de un bien o un servicio nuevo o sensiblemente mejorado con respecto a sus características básicas, especificaciones técnicas, *software* incorporado y otros componentes intangibles, finalidades deseadas o prestaciones.
4	Innovación en marketing	La aplicación de un nuevo método de comercialización que implique cambios significativos del diseño o el envasado de un producto, su posicionamiento, su promoción o su tarificación. Nuevos mercados.

#	Categorías	Explicación del concepto
5	Innovación de negocio	Es el proceso de crear, adaptar o traducir una idea, tecnología, herramienta, modelo o metodología en un bien o servicio que crea valor económico y por el cual los clientes pagarán. Creación de un nuevo negocio, estructuración de un modelo que incluye la propuesta de valor, sistemas de operación y análisis financiero.
6	Innovación administrativa o de gestión	También denominada innovación organizacional. Busca introducir en la empresa nuevas herramientas administrativas que van desde la técnica de gestión hasta la explicación de nuevos modelos gerenciales.
7	Innovación incremental	Consiste en un tipo de innovación empresarial basada en aumentar el valor de un producto o servicio. Mejoras en su imagen, apariencia o costo. Se considera innovación incremental cuando se crea un valor sobre un producto que ya existe, añadiéndole nuevas mejoras. El proceso de innovación comienza sobre una base conceptual. A partir de aquí, se realiza una serie de procesos creativos enfocados a conseguir unos fines determinados.
8	Innovación continua	Consiste en realizar pequeñas mejoras sistemáticas en productos y servicios. Responde a cualquier actualización o mejora en los productos existentes en forma continuada que, por sí misma, no suponga ni necesite de cambios en el comportamiento para su consumo.

#	Categorías	Explicación del concepto
9	Innovación en servicios	Es el incremento o mejora de los servicios ya existentes.
10	Investigación y desarrollo	Es el conjunto de actividades emprendidas de forma sistemática a fin de aumentar el caudal de conocimientos científicos y técnicos, así como la utilización de los resultados de estos trabajos para conseguir nuevos dispositivos, productos, materiales o procesos.
11	Innovación frugal	La innovación frugal consiste en hacer más con menos. El nacimiento de pequeñas empresas ha favorecido que aquellos emprendedores que deseen mantener sus negocios, a pesar de la competencia, deban idear estrategias de bajo coste que les permitan aprovechar sus recursos para innovar y desarrollar productos o servicios sin necesidad de involucrar un importante capital en ello.
12	Innovación en equipos de trabajo	Se produce cuando el personal trabaja en equipo y cada uno aporta algo diferente a la solución de los problemas y su resultado es una sinergia enriquecedora.
13	Capacidad para innovar	La capacidad de innovación es una competencia distintiva que permite innovar y, en consecuencia, potencia la competitividad, especialmente en las pequeñas y medianas empresas (pymes). Dicha capacidad se ve condicionada por factores internos y externos.

#	Categorías	Explicación del concepto
14	Cultura corporativa de innovación	Una empresa genuinamente innovadora es la que decide invertir tiempo y dinero en emprender nuevos proyectos y promover la creatividad y el aprendizaje continuo de sus trabajadores.
15	Importancia de un sistema de gestión de innovación	Las empresas, al tener un sistema de gestión de innovación, llenan las expectativas de trabajo de todos los colaboradores, haciendo de esta forma a la organización más competitiva en el mercado.

Fuente: Maldonado, J. & Portilla, L. (2018). "Procesos de innovación en la industria manufacturera colombiana". *Revista CEA*, **6(11), pp. 157-159.**

La mayoría de los representantes de las industrias manufactureras colombianas manifestó que hace innovación en los siguientes procesos: en gestión administrativa, en el mejoramiento de productos actuales y de los nuevos, en algunos servicios, en nuevos negocios y mercados. Exteriorizaron, además, que a través del área de innovación corporativa consiguen los recursos necesarios para la transformación y modernización de los procesos. En cuento a los servicios, es una preocupación constante todo lo que tiene que ver con la atención y satisfacción del cliente, como también la entrega oportuna de los productos. Referente a los procesos industriales, se está mejorando la calidad y la efectividad en la producción. Uno de los hallazgos más relevantes es que la mayoría de las industrias manufactureras colombianas no cuenta con patentes de innovación. Si bien esa carencia es común a la mayoría de las empresas estudiadas colombianas (Durán, Ibáñez, Salazar & Vargas, 2000; Malaver & Vargas, 2004a), se debería mirar con más cuidado la relación entre el desarrollo organizacional, administrativo y de los procesos de innovación. Son muy pocas las industrias que cuentan con departamentos de I+D o de dependencias formales que hagan sus veces y con un contexto y grado de desarrollo administrativo que se preocupe por tener al día y cumplir con la normatividad existente en la gestión tanto administrativa como tecnológica. Si bien esa carencia es común en algunas de las empresas estudiadas, otras con un nivel de organización mayor sí cumplen con estos aspectos, como Sumicol (del Grupo Corona), Nalsani Toto, Industrias Haceb, Colcerámica, entre otras.

La importancia de la existencia de las patentes está relacionada, como muchos factores de la industria, con la difusión de las innovaciones producidas en Colombia, donde las autoridades están en capacidad de protegerlas. En Colombia es notable el crecimiento económico experimentado en el país en los últimos diez (10) años, destacándose frente a otros países latinoamericanos. Según los resultados del índice global de innovación del año 2018, es muy esperanzador para el país, pues Colombia ocupa el puesto 63 a nivel mundial, por delante de países como Brasil, Panamá y Argentina. Entre uno de sus mayores logros está el reconocimiento, por primera vez en su historia, como un país *Innovation Achiever*, es decir, un país cuyo desempeño en innovación es superior con respecto a su nivel de desarrollo. Colombia se ubicó como la quinta economía más innovadora de Latinoamérica, después de Chile (posición 47 a nivel mundial), Costa Rica (54), México (56) y Uruguay (62), evidenciando la consolidación del país como un actor importante en el desarrollo económico e innovador del continente. Esto demuestra que seguimos avanzando en la apropiación de la innovación como una herramienta esencial para diversificar nuestra economía. Esto ha sido un esfuerzo conjunto de entidades del sector público y privado, las cuales cada vez apuestan más por el desarrollo innovador para la transformación del aparato productivo de Colombia, según expresó Juan Carlos Garavito Escobar, gerente general de INNpulsa Colombia (2018).

Todo lo anterior ha establecido condiciones muy favorables para la creación de nuevas invenciones y patentes destinadas a mejorar los procesos y servicios, como también a los procedimientos administrativos y a la innovación en nuevos negocios y marketing. Hay empresas en Colombia en pleno proceso de crecimiento que pueden encontrarse desprotegidas si no están patentadas sus innovaciones en el país o en otras naciones. Resulta prioritario para cualesquiera industrias que sus innovaciones cuenten con una patente que las respalde y las proteja ante terceros, para evitar que hagan de esas invenciones un uso no autorizado. Además, el registro oportuno de las patentes puede generar a mediano plazo un significativo incremento de ingresos si la invención tiene una alta utilidad o aplicabilidad para la competencia. Para las empresas llegar a otros mercados, es fundamental entrar con sus patentes, especialmente para aquellas que deseen instalar sus operaciones en otros países.

La industria manufacturera colombiana sí hace innovación en productos, servicios y procesos y, además, lo hacen con base a estudios de mercados y de tendencias en diseño y decoración, procurando una excelente atención y satisfacción del cliente. Para esto, se usa el talento humano de los trabajadores, herramientas, procesos, habilitadores tecnológicos y *know-how*. Algunas de las herramientas son: Design Thinking, Sit, Six Sigma, Lean Startup y Agile (Maldonado-Pinto, J. E. & Portilla-Barco, L. F., 2020, p. 161).

EVALUACIÓN DEL CAPÍTULO

1. Escriba los principales tipos de innovación y su significado y, para usted, ¿cuál de ellos le llama más la atención y por qué?
2. Elabore un cuadro con los diferentes tipos de estrategias de innovación y su significado.
3. Colombia, en el año 2018, fue reconocido como un país *Innovation Achiever*. ¿Esto qué quiere decir?
4. ¿Cuál fue el hallazgo más relevante en la investigación denominada "Procesos de innovación en la industria manufacturera colombiana"?
5. Investigue en internet, ¿cuándo y por qué Medellín fue reconocida como la ciudad más innovadora del mundo?

ESTUDIO DE CASO

PROCESOS INNOVADORES

Los dos años de aislamiento social, producto de la pandemia del COVID-19, obligaron a las empresas a cambiar los procesos administrativos de control de gestión gerencial presencial a la utilización de plataformas y aplicaciones tecnológicas por internet.

El interrogante más común que se presentaba era el siguiente: ¿cómo controlar el teletrabajo o el trabajo por internet de sus colaboradores?

¿Cuáles serían las características o elementos que se deben considerar en el trabajo por internet?

Describa detalladamente sus ideas y aportes a este problema.

CAPÍTULO VI

FACTORES DE INNOVACIÓN VS. PRODUCTIVIDAD

CONCEPTOS DE PRODUCTIVIDAD

Según la Real Academia de la Lengua Española (2014), el término productividad corresponde a la relación entre los bienes o servicios ofertados y se relaciona con los recursos utilizados para materializar la oferta; es la capacidad de producir por unidad de trabajo.

La productividad implica la mejora sustancial del proceso productivo; la mejora significa una comparación favorable entre la cantidad de recurso utilizados y la cantidad de bienes y servicios producidos (Carro-Paz, R. & González-Gómez, D., 2012, p. 1).

LA INNOVACIÓN Y SU INCIDENCIA EN LA PRODUCTIVIDAD

El desarrollo de las sociedades, el crecimiento económico y la innovación han sido propuestas por investigadores sociales, sin embargo, es de considerar el alto grado de concentración de innovación en ciertas naciones que mantienen el liderazgo en cuanto al número de patentes obtenidas (Ketelhohn & Ogliastri, 2013).

Un buen indicador de tipo cuantitativo puede ser: número de patentes de innovación obtenidas por la empresa. Cuantas más patentes se obtengan, mayor es el grado de productividad en innovación del talento humano del equipo de trabajo.

La organización que tenga más patentes de innovación y las comercialice se hace más competitiva en un mercado globalizado. Toda innovación debe producir ganancias. La Real Academia Española define la competitividad como la capacidad de competir. Competir es crecer, desarrollarse, producir eficientemente, obtener ganancias con calidad e innovación.

Los cambios que se forjen en procesos, productos y servicios deben producir beneficios o utilidades, pues sin rentabilidad no hay innovación. Un problema importante a considerar del sector manufacturero colombiano es la falta de compromiso por parte de las empresas respecto a los requerimientos que exige un mercado competitivo (López, 2013). Las principales causas de la falta de fortalecimiento de la innovación en la industria colombiana son:

- El aumento del contrabando y la poca productividad de la industria colombiana.
- Problemas de inseguridad y conflicto, que imposibilitan la inversión extranjera.
- El tipo de cambio, seguido de los costos y suministro de tecnologías.
- La falta de compromiso por parte de las empresas colombianas respecto a los requerimientos que exige un mercado competitivo y globalizado (López, 2013).
- Deficiencia de equipos de trabajo creativos e innovadores y escasez de capital humano calificado que facilite la implementación de la innovación.
- Diversidad en el tamaño de empresas que existe por las diferentes productividades de cada una de ellas, que imposibilita las alianzas estratégicas para cumplir los pedidos de los mercados internacionales.

Suárez-Daza (2014) comenta que:

> *"Elevar el nivel de innovación empresarial requiere entonces una mayor inversión en capital humano y en la incorporación de personal cualificado en aquellas actividades empresariales que involucran un alto componente de conocimiento (por ejemplo, la ingeniería, el diseño, la gerencia, entre otros) y requieren soluciones innovadoras. Para esto lo ideal es que las políticas que se formulen en este aspecto fomenten de manera directa la movilidad entre empresas*

y organismos públicos de investigación, facilitando las prácticas de estudiantes en la industria y promoviendo una mayor inversión de las empresas en recursos humanos, ya que en muchos casos los empresarios no ven tan rentable invertir en la capacitación de su personal, al contrario, lo visualizan con un costo adicional que no están dispuestos a asumir" (p. 21).

Hay que reconocer que la innovación es un problema bastante complejo y que involucra a muchos factores, como la productividad, el emprendimiento, la calidad, la tecnología, la formación profesional, la motivación, los incentivos, el trabajo en equipo, la gestión y adaptación al cambio y la cooperación entre el Estado y la empresa, entre otros.

"Para que esta cooperación rinda frutos, se deben definir claramente los roles que le corresponde cumplir a cada actor del sistema de innovación. Así, mientras a las empresas les corresponde culminar con éxito la tarea de convertir el conocimiento en riqueza, es decir, de innovar, a los gobiernos les compete tanto la tarea de asegurar condiciones de entorno favorables para el funcionamiento del sistema de innovación como la de corregir las fallas sistémicas y de mercado inherentes al proceso innovador que impiden que el país alcance todo su potencial" (E. Bitrán, J. M. Benavente & C. Maggi, 2016, p. 1).

Definitivamente, el conocimiento, el manejo de la tecnología, de plataformas digitales, de *softwares* operativos, de maquinarias, equipos y herramientas de tecnología de punta, así como las habilidades creativas y de innovación por parte del talento humano, el emprendimiento y el empoderamiento de una cultura de innovación facilitan, de cierta forma, la innovación en todo tipo de comunidades.

Modelos de innovación. Un modelo de innovación o *innovation framework* es un patrón o esquema a seguir que aporta una guía o criterios que va desde el problema a resolver, escogiendo dentro de varias opciones de solución, hasta llegar a la propuesta adecuada para asegurar la sostenibilidad del proyecto. Un modelo de innovación busca proyectos factibles, deseables y económicamente viables. La innovación exige agregar valor a satisfacción de los clientes y que estén dispuestos a pagar por ellos.

TIPOS DE MODELOS

Modelo lineal o de Market-Pull. A mitad de los años 70, se reconsideró el papel del mercado en la innovación y, de esta forma, se crea el modelo lineal, cuya característica principal es "el reconocimiento de que las innovaciones se derivan básicamente de las necesidades de los consumidores" (Castro, 2001).

Figura 10.
Modelo lineal

Fuente: Canós-Darós, L. *et al. Caminos para la innovación en la empresa: el modelo de Kline*.

Modelo de Kline. Muestra la complejidad del proceso innovador. Promueve una cultura en la empresa y sirve para cualquier tamaño de organización.

Figura 11.
Modelo de Kline

Fuente: Canós-Darós, L. *et al. Caminos para la innovación en la empresa: el modelo de Kline***.**

Figura 12.
Modelo CDM.

Fuente: Villareal *et al.* **(2014).** *Determinantes de la innovación y la productividad en la industria manufacturera colombiana por tamaño de firma***.**

El modelo CDM interrelaciona cuatro dimensiones básicas: las opciones de innovación, el esfuerzo en actividades de innovación, los productos de innovación y la productividad en las organizaciones empresariales; estas son variables micro y sectoriales.

> *"En la primera etapa del proceso, las empresas deciden involucrarse o no en la realización de actividades de innovación. Una vez tomada esta decisión, la firma determina, en la segunda etapa, el monto de recursos que se invierten en esas actividades y el esfuerzo innovador. En la tercera etapa, se evalúa el impacto de la inversión en innovación sobre la producción de innovaciones y, finalmente, en una tercera etapa, se comprueba el efecto de la producción de innovaciones sobre el desempeño productivo de las empresas, en este caso la productividad. En cada una de estas etapas se propone un conjunto de determinantes de la innovación y la productividad" (Villareal et al., 2014).*

Figura 13.
Modelo de innovación con respecto a la productividad.

DESARROLLO DEL MODELO

Todo inicia con un trabajo creativo e innovador a través de una lluvia de ideas del equipo de trabajo de la organización. Se presentan varias opciones de innovación. Se elige la más conveniente para la empresa, teniendo en cuenta diseños, costos y rentabilidad, y se hace la propuesta de innovación para el período seleccionado, que puede ser para un mes, tres meses o seis meses. Se evalúa la productividad con indicadores tanto cuantitativos como cualitativos. En todas las etapas, se tienen en cuenta los factores de riesgo que afectan el proceso. El trabajo en equipo y las ideas creativas e innovadoras de todos los integrantes del equipo son fundamentales para el éxito de la innovación, ya sea en tecnología, diseños, productos, servicios, marketing o gestión.

Una actividad innovadora que no se debe descartar es la cocreación, lo cual es un concepto innovador que consiste en que la empresa trabaja con otros individuos u organizaciones, externos a la empresa, para producir innovación, por ejemplo, con el mismo cliente a objeto de satisfacer plenamente las expectativas del mismo. Una empresa de productos cerámicos es contratada por un cliente para que le diseñen un baño de su residencia; este se hace de acuerdo a las dimensiones del sitio y a los gustos y preferencias del comprador. Un cliente particular desea que se le remodele su cocina; una empresa especializada en productos para el hogar le pregunta a su cliente cómo quiere que se le diseñe, los estantes modulares, qué tipo de materiales necesita, qué marca y qué diseño de cocina le agrada, qué tipo de extractor quiere, así como la medida y calidad del mesón donde va ubicado el lavaplatos y la grifería que prefiere. Para tal fin, le muestra una recreación a color de cómo le va a quedar su cocina hecha en computador. Las empresas colombianas de productos cerámicos, como los almacenes de cadena colombianos especializados en construcción, ya están ofreciendo esto servicios de cocreación.

VENTAJAS DE LA COCREACIÓN

- Aumenta la productividad y rentabilidad de la empresa.
- Mejora la atención y servicio al cliente.
- Incrementa la creatividad del equipo de trabajo.
- Propicia la fidelización de los clientes.
- Incrementa la satisfacción del cliente.
- Posiciona la marca en el mercado.

Figura 14.
Proceso de cocreación empresarial.

Fuente: Innovation Factory Institute (2020). *¿Qué es la cocreación y qué beneficios tiene para tu negocio?*

EVALUACIÓN DEL CAPÍTULO

1. Para usted, ¿qué es la productividad?
2. ¿La productividad hace más competitiva a la empresa en un mercado globalizado? ¿Por qué?
3. ¿Cómo incide la innovación en la productividad?
4. ¿Las pymes colombianas hacen innovación en diseños, productos y servicios? Escriba un ejemplo que conozca.
5. ¿Qué es la cocreación y qué ventajas trae a la empresa?

ESTUDIO DE CASO

CERÁMICAS ROMA

Cerámicas Roma es una industria regional, la cual quiere incursionar en el mercado internacional de pisos de cerámica para el hogar. Existen en el mercado otras marcas de gran renombre y muy bien posicionadas en el mercado global.

Su personal ha observado durante muchos años que los clientes buscan en sus productos: excelente calidad, servicio al cliente y atención al cliente. El precio, aunque debe ser competitivo, no es un factor de gran relevancia. Cuando un producto es de calidad, el cliente está dispuesto a pagar el precio ofertado.

El equipo creativo innovador se ha reunido en varias ocasiones para crear un producto diseñado para pisos donde no se noten los pegues, que sea brillante y que además aguante el trajín de los niños y la escritura en marcador acrílico, bolígrafo y grafito.

Dentro de la lluvia de idea, surgen las siguientes inquietudes:

1. Un piso para ambientes de sala, comedor y cocina resistente a ralladuras, tintes de carbón, bolígrafo, grafito y marcador acrílico.
2. Que no se noten los pegues o junturas como en los pisos cerámicos comunes.
3. De larga duración y de tráfico pesado.
4. La empresa puede y debe prestar el servicio de instalación.
5. Cerámicas Roma debe prestar un servicio de mantenimiento eficaz y económico.
6. El precio debe ser competitivo en el mercado nacional e internacional.

7. ¿Qué otra idea tiene usted al respecto y qué otra sugiere para este producto?
8. ¿Qué sugerencias aportaría en cuanto a tecnología e innovación?

CAPÍTULO VII

PROTECCIÓN DE LA INNOVACIÓN

Con relación a las patentes, la Superintendencia de Industria y Comercio de Colombia establece:

¿QUÉ ES UNA PATENTE?

La patente es un privilegio que le otorga el Estado al inventor como reconocimiento de la inversión y esfuerzos realizados por este para lograr una solución técnica que le aporte beneficios a la humanidad. Dicho privilegio consiste en el derecho a explotar exclusivamente el invento por un tiempo determinado.

Figura 15.
Patente.

¿QUÉ BENEFICIOS OBTENGO AL PATENTAR UN INVENTO?

Ser el único que durante 20 años puede explotar el invento. La explotación puede consistir en comercializar exclusiva y directamente el producto patentado, o por intermedio de terceros otorgando licencias, o transfiriendo los derechos obtenidos mediante su venta para que un tercero explote la invención. En conclusión, el beneficio es económico para el inventor o titular de la patente.

¿QUÉ NORMAS DEBEN CONSULTARSE?

¿Qué normas deben consultarse para conocer acerca de los trámites para la protección de una patente de invención y los derechos de su titular?

La legislación vigente en materia de patentes está contenida en la Decisión 486 de 2000 de la Comisión de la Comunidad Andina, norma aplicable a todos los países miembros de la Comunidad Andina. Igualmente, esta decisión tiene su reglamentación en los decretos reglamentarios y, adicionalmente, la SIC expide la Circular Única que contiene el conjunto de directrices que guían a los usuarios acerca de la manera cómo se deben adelantar los trámites de propiedad industrial. Estas normas pueden ser consultadas en la sección de "Normativa" de la página web de la SIC.

DOCUMENTOS PARA LA SOLICITUD DE PATENTES

Se relacionan a continuación los documentos que componen la solicitud de patente:

- Un formulario al que se denomina petitorio, en caso de presentarlo en físico, o, en caso de hacerlo en línea a través de SIPI, el usuario se registra e ingresa la información requerida.
- Resumen.
- La descripción del invento.
- Las reivindicaciones.
- Figuras o ejemplos.
- El comprobante de pago de la tasa establecida (la cual cambia cada año).
- Si se presenta por intermedio de un abogado, debe presentarse el poder otorgado a este. El poder no necesita

de presentación personal, autenticación o legalización y podrá otorgarse mediante documento privado.

- Si la solicitud la hace una empresa, no es necesario aportar el certificado de existencia y representación legal de la persona jurídica solicitante. La SIC podrá consultar los registros públicos de los Certificados de Existencia y Representación de las Cámara de Comercio.
- Copia del contrato de cesión o bien del contrato en virtud del cual se presuma la cesión cuando el solicitante no sea el inventor, por ejemplo: contrato de prestación de servicios o de trabajo.

¿Qué es la descripción?

Es una parte del documento técnico que explica clara y completamente la invención, de tal modo que un experto en la materia pueda ejecutarla. La descripción tiene como función divulgar la invención y servir de soporte a las reivindicaciones.

La descripción debe incluir la siguiente información:

- Sector tecnológico al que pertenece la invención.
- La tecnología anterior conocida por el inventor.
- Descripción en términos que permita la comprensión del problema técnico y de la solución aportada por la invención.
- Reseña de los dibujos.
- Descripción de la mejor manera de ejecutar la invención.

¿Qué son las reivindicaciones?

Es la parte del documento técnico que define la materia que se desea proteger y, por lo tanto, determina el alcance de la protección, debiendo estar redactada de manera clara y concisa y estar enteramente sustentada en la descripción.

¿Qué patentes deben presentar dibujos?

Aquellas en las que los dibujos sean necesarios para su comprensión.

¿En qué consiste el resumen?

Es una síntesis de la divulgación técnica contenida en la solicitud de patente.

¿Qué debe contener una solicitud de patente para ser admitida y obtener una fecha de presentación?

Para ser admitida y obtener fecha de presentación, debe cumplir con los siguientes requisitos mínimos:

- La indicación de que se solicita la concesión de una patente.
- Datos de identificación del solicitante.
- La descripción de la invención.
- Dibujos de ser estos pertinentes.
- Comprobante de pago de la tasa de presentación de la solicitud.

¿Qué ocurre si no se cumple con los requisitos mínimos para asignar fecha de presentación a la solicitud de patente?

Si no se cumplen los requisitos mínimos mencionados anteriormente, la Superintendencia de Industria y Comercio enviará una comunicación al solicitante en la que se le indicará qué le hace falta para poder asignar fecha de presentación. El solicitante tendrá dos (2) meses para complementar la solicitud a partir de la fecha de notificación por parte de la SIC de la correspondiente comunicación. Una vez conteste el requerimiento aportando la información faltante, se le asignará fecha de presentación a la solicitud.

¿Qué se debe hacer después de obtener el registro de las patentes?

A continuación, se relaciona una serie de obligaciones y requi sitos para proteger la patente.

¿Qué obligaciones confiere una patente?

El titular de una patente tiene la obligación de explotar la invención patentada directamente o a través de una persona autorizada por él. Asimismo, para mantener vigente la patente, deberá pagar oportunamente las tasas periódicas o anualidades correspondientes.

¿Qué son las anualidades?

Son tasas que el titular o solicitante debe pagar anualmente para mantener vigente la patente.

¿Se debe pagar alguna tasa por el mantenimiento de la patente?

Sí. Una vez concedida, el solicitante anualmente debe pagar una tasa para mantener vigente su patente, la cual debe ser consultada al momento del pago en la resolución de tarifas de propiedad industrial que se encuentre vigente, porque su monto puede variar. De no cancelar la tasa en los plazos establecidos, la patente caducará.

¿Qué plazo tengo para pagar una anualidad?

Las anualidades deben pagarse por años adelantados. La primera anualidad deberá pagarse a más tardar el último día del mes en que fue presentada la solicitud, a partir de la concesión de la patente. Los pagos deben hacerse anualmente durante todo el plazo de duración de la patente, si se desea mantenerla vigente.

¿Hay un plazo adicional para el pago de una anualidad?

Sí. Una vez vencido el plazo, podrá pagar la anualidad dentro de un período de gracia de seis (6) meses contado desde la fecha de inicio del período anual correspondiente.

En caso en que se realice el pago de la anualidad dentro del plazo de gracia, se debe pagar un recargo.

¿Qué sucede si no se paga una anualidad?

La SIC verifica dentro de los tiempos establecidos en la base de datos los pagos realizados; si no se encuentra registro alguno para mantener vigente la patente, esta caducará.

¿Qué efectos produce la caducidad de una patente?

Cuando una patente caduca, la invención pasa a ser de dominio público y cualquier persona puede utilizarla, es decir, el titular pierde el derecho exclusivo sobre su invención.

Una patente puede caducar por el incumplimiento de pago de una anualidad o porque ya venció el plazo de duración de la patente.

¿Qué se puede hacer con la patente que ha sido concedida?

El titular debe explotar de manera exclusiva el invento, es decir, vender, comercializar, exportar, etc. el producto o procedimiento protegido. Puede licenciar y obtener regalías del licenciamiento o ceder la patente.

¿Qué pasa si no la explota?

Si la patente no se explota dentro de los tres años siguientes a su concesión, y salvo justificación, la SIC podrá conceder licencias obligatorias a los terceros que la soliciten.

¿La licencia obligatoria me cancela el derecho?

No. Pero es la compensación que hace el Estado para que el producto o procedimiento entre en el mercado y quede a disposición de los consumidores.

Figura 16.
Idea

INTRODUCCIÓN A LOS DERECHOS DE PROPIEDAD INDUSTRIAL E INTELECTUAL

Todos los emprendedores necesitan proteger sus ideas e innovaciones a través de la propiedad industrial e intelectual (PI). La PI está alrededor de todos nosotros en los bolsillos, en la oficina, en la sala, en la cocina y hasta en el baño de nuestros bienes. Existen muchos objetos que han sido diseñados y comercializados por otros, como el celular, el llavero, la billetera, el ordenador, la impresora, los muebles, el televisor de pantalla plana, el equipo de sonido, el microondas, el tostador, el freidor sin aceite, entre otros; todos son innovaciones de las diferentes fábricas en el mundo conocido. Recuerdo que en cierta ocasión conocí a un inventor que había patentado la pastilla de café y que grandes productores de café no podían comercializarla porque le tenían que comprar sus derechos. Actualmente existen las siguientes presentaciones de café, como son: el molido, en polvo, el granulado o liofilizado, solubles, descafeinado, instantáneo, etc., pero en las tiendas o en las grandes superficies, en Colombia, no va a encontrar el cliente el café en pastillas porque este tipo de presentación está patentado y tendrían que pagar una millonada a quien lo patentó, por el derecho a esta patente. Es también considerado un delito en el Código Penal colombiano el uso indebido de patentes. En Cádiz (España), sí se ha patentado la pastilla de café.

El Código Penal colombiano, en el artículo 307, tipifica el uso ilegítimo de patentes. El que fabrique producto sin autorización de quien tiene el derecho protegido legalmente, o use sin la debida autorización medio o proceso patentado, incurrirá en prisión de uno (1) a cuatro (4) años y multa de veinte (20) a mil (1.000) salarios mínimos legales mensuales vigentes. En la misma pena incurrirá el que introduzca al país o saque de él, exponga, ofrezca en venta, enajene, financie, distribuya, suministre, almacene, transporte o adquiera con fines comerciales o de intermediación producto fabricado con violación de patente. También conocí el caso de Pasteurizadora La Mejor; este nombre, La Mejor, está patentado. Cierto comerciante colocó a sus panaderías el nombre de La Mejor y ha tenido problemas por la patente de la marca. Sin embargo, los logos de las dos empresas son muy diferentes.

Figura 17.
Café.

Figura 18.
Marcas.

Otro industrial le puso el nombre de Carnes La Mejor y ante los problemas presentados tuvo que cambiarle el nombre a la marca.

LAS MARCAS Y LA USURPACIÓN DE IDENTIDAD

Las marcas y los nombres comerciales son derechos nacionales. Aunque es bastante común la usurpación de identidad en nuestro medio, no deja de ser un delito; la usurpación de identidad se utiliza para obtener beneficios de la imagen o prestigio de una persona o producto. La usurpación de identidad es un delito que está contemplado en el Código Penal colombiano.

Amengual Matas (*Protección de la innovación*, 2018) afirma: "Una marca es un signo que puede emplearse para distinguir los bienes o servicios de su negocio de aquellos de otros comerciantes". Más tarde también se hará una definición de nombre comercial. En la definición anterior, la palabra "signo" es, probablemente, uno de los conceptos más relevantes dado que un signo es algo que nos permite reconocer productos o servicios. Según el Diccionario Merriam-Webster, un signo es "... una presentación [...] usada para identificar o publicitar un lugar de negocio o un producto". Por tanto, si una marca es un signo y los signos se emplean para identificar bienes o servicios, ¿habrá diferentes tipos de marcas dado que hay diferentes tipos de signos?, ¿es esto correcto? Sí, así es. Aunque hay otros tipos de marcas que se explicarán seguidamente, en la mayoría de las naciones (o territorios) las marcas pueden clasificarse como: 1) marcas denominativas, 2) marcas gráficas y 3) marcas mixtas.

Un ejemplo de violación de marcas (clase 3) con respecto a la perfumería, marcas registradas en otros países, se produce en laboratorios con las fragancias nuevas y conocidas y se les llama réplica triple A, lociones, copias o esencias, etc., tratando de violar el derecho de patente y las distribuyen con los empaques, marcas, logotipo y colores iguales o similares. Con las originales, permanece su fragancia más tiempo en el cuerpo, en cambio, con las réplicas, copias, esencias y lociones, su olor desaparece muy pronto. Esta práctica perjudica notoriamente a los consumidores y se constituye en una competencia desleal. En el Diccionario de la Real Academia Española de la Lengua aparecen las siguientes definiciones:

Perfume: substancia generalmente líquida, que se utiliza para dar buen olor.

Substancia: parte esencial o más importante de algo.
Esencia: extracto líquido concentrado de una sustancia generalmente aromática.
Loción: líquido cosmético o medicinal que se aplica sobre la piel o el pelo.
Réplica: copia exacta de algo.
Copia: reproducción exacta de un objeto.

En las definiciones anteriores se fundamentan los distribuidores para falsificar estas marcas y vendérselas a sus clientes a un menor precio. Lo ilegal es engañar a los clientes con los empaques, colores, símbolos, logotipos y marcas utilizadas sin respetar las patentes registradas internacionalmente.

Hay que tener en cuenta también la diferencia con los dominios de internet. Puede haber marcas similares a dominios de internet. Por esta razón, cuando se registre una marca, hay que comprobar si dicho nombre ya existe en un dominio de internet.

¿Qué es un nombre comercial? Un nombre comercial es un signo que puede utilizarse para diferenciar un negocio de otros. Ahora, si un nombre comercial o marca va a ser protegido por una patente, es obligatorio indicar en qué sector económico se busca la protección. De esta forma, se obvia la posibilidad de compartir nombres similares en actividades distintas. Si se indica, por ejemplo, que la marca La Mejor la colocó en el sector económico referente a la clase 29 de la clasificación internacional de Niza (Bienes), la cual corresponde a: carnes, pescado, carne de ave y carne de caza: extractos de carnes, frutas y verduras, hortalizas y legumbres en conserva, congeladas, secas y cocidas; jaleas, confituras, compotas, huevos; ***leche y productos lácteos***, aceites y grasas comestibles, como en el caso de Pasteurizadora La Mejor. Caso muy diferente a Panadería y Bizcochería La Mejor, la cual pertenece a la clase 30, que incluye: café, té, cacao y sucedáneos del café; arroz; tapioca y sagú, harinas y preparaciones a base de cereales: pan, productos de pastelería y confitería; helados;

azúcar, miel, jarabe de melaza: levadura, polvos de hornear, sal; mostaza; vinagre, salsas (condimentos); especies; hielo. Con base a lo anterior, Panadería y Bizcochería La Mejor estaría en otra clasificación diferente a Pasteurizadora La Mejor. En cambio, en el otro ejemplo de Carnes La Mejor, sí estaría en la misma clase 29 de Pasteurizadora La Mejor y por esta razón Carnes La Mejor tuvo que cambiar de marca. Las empresas tomadas como ejemplos están ubicadas en la ciudad de Cúcuta, Colombia.

De acuerdo a lo anterior, la clasificación de Niza es la siguiente:

CLASIFICACIÓN DE NIZA. BIENES

Clase 1. Productos químicos para la industria, la ciencia y la fotografía, así como para la agricultura, la horticultura y la silvicultura; resinas artificiales en bruto, materias plásticas en bruto; abonos para el suelo; composiciones extintoras; preparaciones para templar y soldar metales; productos químicos para conservar alimentos; materias curtientes; adhesivos (pegamentos) para la industria.

Clase 2. Pinturas, barnices, lacas; productos contra la herrumbre y el deterioro de la madera; materias tintóreas; mordientes; resinas naturales en bruto; metales en hojas y en polvo para la pintura, la decoración, la imprenta y trabajos artísticos.

Clase 3. Preparaciones para blanquear y otras sustancias para lavar la ropa; preparaciones para limpiar, pulir, desengrasar y raspar; jabones no medicinales; productos de perfumería, aceites esenciales, cosméticos no medicinales, lociones capilares no medicinales; dentífricos no medicinales.

Clase 4. Aceites y grasas para uso industrial; lubricantes; composiciones para absorber, rociar y asentar el polvo;

combustibles (incluida la gasolina para motores) y materiales de alumbrado; velas y mechas de iluminación.

Clase 5. Productos farmacéuticos, preparaciones para uso médico y veterinario; productos higiénicos y sanitarios para uso médico; alimentos y sustancias dietéticas para uso médico o veterinario, alimentos para bebés; complementos alimenticios para personas o animales; emplastos, material para apósitos; material para empastes e improntas dentales; desinfectantes; productos para eliminar animales dañinos; fungicidas, herbicidas.

Clase 6. Metales comunes y sus aleaciones, minerales metalíferos; materiales de construcción y edificación metálicos; construcciones transportables metálicas; cables e hilos metálicos no eléctricos; pequeños artículos de ferretería metálicos; recipientes metálicos de almacenamiento y transporte; cajas de caudales.

Clase 7. Máquinas y máquinas herramientas; motores (excepto motores para vehículos terrestres); acoplamientos y elementos de transmisión (excepto para vehículos terrestres); instrumentos agrícolas que no sean accionados manualmente; incubadoras de huevos; distribuidores automáticos.

Clase 8. Herramientas e instrumentos de mano accionados manualmente; artículos de cuchillería, tenedores y cucharas; armas blancas; maquinillas de afeitar.

Clase 9. Aparatos e instrumentos científicos, náuticos, geodésicos, fotográficos, cinematográficos, ópticos, de pesaje, de medición, de señalización, de control (inspección), de salvamento y de enseñanza; aparatos e instrumentos de conducción, distribución, transformación, acumulación, regulación o control de la electricidad; aparatos de grabación, transmisión o reproducción de sonido o imágenes; soportes de registro magnéticos, discos acústicos; discos compactos, DVD y otros soportes de grabación digitales; mecanismos para aparatos de previo pago; cajas registradoras, máquinas de calcular, equipos de procesamiento de datos, ordenadores; *software*; extintores.

Clase 10. Aparatos e instrumentos quirúrgicos, médicos, odontológicos y veterinarios; miembros, ojos y dientes artificiales; artículos ortopédicos; material de sutura, dispositivos terapéuticos y de asistencia para personas discapacitadas; aparatos de masaje; aparatos, dispositivos y artículos de puericultura; aparatos, dispositivos y artículos para actividades sexuales.

Clase 11. Aparatos de alumbrado, calefacción, producción de vapor, cocción, refrigeración, secado, ventilación y distribución de agua, así como instalaciones sanitarias.

Clase 12. Vehículos; aparatos de locomoción terrestre, aérea o acuática.

Clase 13. Armas de fuego; municiones y proyectiles; explosivos; fuegos artificiales.

Clase 14. Metales preciosos y sus aleaciones; artículos de joyería, piedras preciosas y semipreciosas; artículos de relojería e instrumentos cronométricos.

Clase 15. Instrumentos musicales.

Clase 16. Papel y cartón; productos de imprenta; material de encuadernación; fotografías; artículos de papelería y artículos de oficina, excepto muebles; adhesivos (pegamentos) de papelería o para uso doméstico; material para artistas y material de dibujo; pinceles; material de instrucción y material didáctico; hojas, películas y bolsas de materias plásticas para embalar y empaquetar; caracteres de imprenta, clichés de imprenta.

Clase 17. Caucho, gutapercha, goma, amianto y mica en bruto o semielaborados, así como sucedáneos de estos materiales; materias plásticas y resinas semielaboradas; materiales para calafatear, estopar y aislar; tubos flexibles no metálicos.

Clase 18. Cuero y cuero de imitación; pieles de animales; artículos de equipaje y bolsas de transporte; paraguas y sombrillas; bastones; fustas, arneses y artículos de guarnicionería; collares, correas y ropa para animales.

Clase 19. Materiales de construcción no metálicos; tubos rígidos no metálicos para la construcción; asfalto, pez y betún; construcciones transportables no metálicas; monumentos no metálicos.

Clase 20. Muebles, espejos, marcos; contenedores no metálicos de almacenamiento o transporte; hueso, cuerno, ballena o nácar, en bruto o semielaborados; conchas; espuma de mar; ámbar amarillo.

Clase 21. Utensilios y recipientes para uso doméstico y culinario; peines y esponjas; cepillos; materiales para fabricar cepillos; material de limpieza; vidrio en bruto o semielaborado, excepto el vidrio de construcción; artículos de cristalería, porcelana y loza.

Clase 22. Cuerdas y cordeles; redes; tiendas de campaña y lonas; toldos de materias textiles o sintéticas; velas de navegación; sacos para el transporte y almacenamiento de mercancías a granel; materiales de acolchado y relleno, excepto el papel, cartón, caucho o materias plásticas; materias textiles fibrosas en bruto y sus sucedáneos.

Clase 23. Hilos para uso textil.

Clase 24. Tejidos y sus sucedáneos; ropa de hogar; cortinas de materias textiles o de materias plásticas.

Clase 25. Prendas de vestir, calzado, artículos de sombrerería.

Clase 26. Encajes y bordados, cintas y cordones; botones, ganchos y ojetes, alfileres y agujas; flores artificiales; adornos para el cabello; cabello postizo.

Clase 27. Alfombras, felpudos, esteras, linóleo y otros revestimientos de suelos; tapices murales que no sean de materias textiles.

Clase 28. Juegos y juguetes; aparatos de videojuegos; artículos de gimnasia y deporte; adornos para árboles de Navidad.

Clase 29. Carne, pescado, carne de ave y carne de caza; extractos de carne; frutas y verduras, hortalizas y legumbres en conserva, congeladas, secas y cocidas; jaleas, confituras, compotas; huevos; leche y productos lácteos; aceites y grasas comestibles.

Clase 30. Café, té, cacao y sucedáneos del café; arroz; tapioca y sagú; harinas y preparaciones a base de cereales; pan, productos de pastelería y confitería; helados; azúcar, miel, jarabe de melaza; levadura, polvos de hornear; sal; mostaza; vinagre, salsas (condimentos); especias; hielo.

Clase 31. Productos agrícolas, acuícolas, hortícolas y forestales en bruto y sin procesar; granos y semillas en bruto o sin procesar; frutas y verduras, hortalizas y legumbres frescas, hierbas aromáticas frescas; plantas y flores naturales; bulbos, plantones y semillas para plantar; animales vivos; productos alimenticios y bebidas para animales; malta.

Clase 32. Cervezas; aguas minerales y otras bebidas sin alcohol; bebidas a base de frutas y zumos de frutas; siropes y otras preparaciones para elaborar bebidas.

Clase 33. Bebidas alcohólicas (excepto cervezas).

Clase 34. Tabaco; artículos para fumadores; cerillas.

CLASIFICACIÓN DE NIZA. SERVICIOS

Clase 35. Publicidad; gestión de negocios comerciales; administración comercial; trabajos de oficina.

Clase 36. Servicios de seguros; operaciones financieras; operaciones monetarias; negocios inmobiliarios.

Clase 37. Servicios de construcción; servicios de reparación; servicios de instalación.

Clase 38. Telecomunicaciones.

Clase 39. Transporte; embalaje y almacenamiento de mercancías; organización de viajes.

Clase 40. Tratamiento de materiales.

Clase 41. Educación; formación; servicios de entretenimiento; actividades deportivas y culturales.

Clase 42. Servicios científicos y tecnológicos, así como servicios de investigación y diseño en estos ámbitos; servicios de análisis e investigación industriales; diseño y desarrollo de equipos informáticos y de *software*.

Clase 43. Servicios de restauración (alimentación); hospedaje temporal.

Clase 44. Servicios médicos; servicios veterinarios; tratamientos de higiene y de belleza para personas o animales; servicios de agricultura, horticultura y silvicultura.

Clase 45. Servicios jurídicos; servicios de seguridad para la protección física de bienes materiales y personas; servicios personales y sociales prestados por terceros para satisfacer necesidades individuales.

TRÁMITE PARA REGISTRAR UNA MARCA EN COLOMBIA

En Colombia, aunque los trámites son un poco complicados, se pueden hacer si se está bien asesorado y se cumple con los requisitos solicitados.

Para Cárdenas Vega (*Propiedad intelectual*, 2022), los requisitos para solicitar una marca en Colombia son los siguientes:

1. Realizar una búsqueda de antecedentes marcarios, con el objetivo de verificar que la marca de su interés no esté registrada.

   Antes de iniciar el trámite de registro de una marca en Colombia, se recomienda realizar una búsqueda de antecedentes fonéticos y gráficos, con el fin de conocer si existen obstáculos que impidan su registro.

   Para realizar una búsqueda de antecedentes marcarios de forma segura y confiable, debe hacerse a través de una firma de abogados, exfuncionarios de la Superintendencia de Industria y Comercio o expertos en registro de marcas en Colombia.

2. Pagar las tasas oficiales establecidas por la Superintendencia de Industria y Comercio.

   Para acceder al trámite de registro de marca, la Superintendencia de Industria y Comercio fija anualmente una tasa oficial.

Para el año 2022, las tasas oficiales de la SIC para el procedimiento de registro de marca en línea son las siguientes:

- Solicitud de registro de marca o lema comercial (primera o única clase) $1.003.500 (pesos colombianos).
- Solicitud de registro de marca o lema comercial (clase adicional en una misma solicitud) $501.500 (pesos colombianos).
- Aparte de las tasas oficiales de la SIC, el solicitante deberá tener en cuenta los honorarios fijados por el abogado que seleccione para adelantar su proceso de registro de marca, los cuales dependerán de la calidad de su trabajo y de su experiencia en materia de derecho de la propiedad intelectual.

3. Diligenciar el formulario de solicitud de registro de marca.

Para efectos de iniciar el trámite de registro de una marca en Colombia, se debe diligenciar un formulario que contiene la siguiente información:

- Datos del solicitante de la marca, que puede ser cualquier persona natural o jurídica.
- La denominación de la marca a registrar.
- La clase de la clasificación internacional de Niza a la cual pertenecen los productos o servicios a identificar.
- La descripción de los productos o servicios a identificar con la marca, en forma detallada.

4. Anexar los documentos requeridos por la Superintendencia de Industria y Comercio.

De la misma forma, se hace necesario adjuntar los siguientes documentos.

- Recibo de pago de las tasas oficiales.
- Arte o logo de la marca a registrar.
- Poder de abogado.

Es importante consultar el manual para registrar una marca en Colombia:

MANUAL PARA REGISTRAR UNA MARCA ANTE LA SUPERINTENDENCIA DE INDUSTRIA Y COMERCIO (SIC) A TRAVÉS DEL SIPI

Autor: Luis Fernando Patrón Fuentes
Copyright: © Cárdenas Vega Asesores S.A.S. Versión: 2.0

Acerca del autor:

Abogado experto en temas de propiedad industrial. Exfuncionario de la Superintendencia de Industria y Comercio, entidad en la que se desempeñó como jefe del Grupo de Oposiciones y Cancelaciones de la Dirección de Signos Distintivos. El doctor Patrón Fuentes está en el *ranking* Chambers & Partners entre los mejores abogados de Colombia en materia de propiedad intelectual.

INTRODUCCIÓN

¿Qué es una marca? Las marcas, dentro del lenguaje jurídico, son signos que sirven para distinguir los productos o servicios de un empresario en el mercado. A través del registro de marca se le concede a una persona o empresa el derecho de uso exclusivo de un signo que identifica productos o servicios. Muchos empresarios tienen la creencia errónea de que el registro mercantil tiene los mismos efectos jurídicos que el registro de marca. Las diferencias más importantes entre el registro de marca y el registro mercantil se exponen a continuación:

- El registro mercantil consiste en la matrícula de los comerciantes y sus establecimientos de comercio. Por su parte, el registro de marca se constituye en un trámite a través del cual se le concede a un empresario el derecho de exclusiva sobre un signo que sirve para distinguir productos o servicios en el mercado.

- El registro mercantil se surte ante la Cámara de Comercio del domicilio respectivo de cada comerciante, mientras que el registro de marca se obtiene en la Superintendencia de Industria y Comercio.

- El registro mercantil es un trámite obligatorio para todos los comerciantes. Entretanto, el registro marcario es un trámite potestativo de cada empresario que esté interesado en proteger su marca, como activo principal de su empresa.

- Al efectuar el registro mercantil de una persona jurídica es obligatorio asignarle un nombre, razón o denominación social, que no puede ser idéntico al de otra empresa previamente registrada; dicho nombre es un atributo de la personalidad jurídica. De otro lado, el registro de marca recae sobre palabras, imágenes, figuras, símbolos, gráficos, logotipos, monogramas, retratos, etiquetas u otros signos que sirven para identificar productos o servicios y, por ley, no deben existir marcas idénticas o similares para amparar productos o servicios idénticos o conexos, ya que se generaría riesgo de confusión en el mercado.

- El registro mercantil de empresas o establecimientos de comercio no otorga derechos de exclusiva en cuanto al uso de una expresión. En cambio, a través del registro de marca el Estado le otorga la exclusividad o el monopolio de un signo a un empresario.

REQUISITOS PARA REGISTRAR UNA MARCA

Para registrar una marca, usted necesitará lo siguiente:

1. Una descripción detallada los productos o servicios que pretende identificar.
2. La denominación o el logo de la marca a registrar.
3. Los datos del titular de la marca a registrar.

Cada uno de estos requisitos será explicado detalladamente a continuación.

PASOS PARA REGISTRAR UNA MARCA

1. **Definir los productos o servicios que pretende identificar.**

   Al registrar una marca, se debe especificar qué tipo de productos o servicios se pretende identificar con la misma. La clasificación internacional de Niza es un sistema de clasificación de productos y servicios, adoptado por la mayoría de los países, que se aplica para el registro de marcas y que le permite especificar de manera precisa la cobertura del signo de su interés.

   En atención a las disposiciones de la clasificación internacional de Niza, existen 45 clases de productos y servicios. La protección que se otorga a una marca registrada únicamente comprende los productos o servicios especificados al momento del registro, por lo que pueden coexistir dos marcas idénticas en clases de productos o servicios distintas.

   Cada clase de productos o servicios a proteger es susceptible del pago de tasas oficiales a la oficina nacional competente. Por tanto, a mayor protección, mayor inversión.

   Usted debe definir los productos o servicios que pretende identificar con su marca. Por ejemplo:

   - Restaurantes.
   - Servicios de ferretería.

- Fabricación de zapatos.
- Servicios de asesoría empresarial.
- Fabricación de alimentos.
- Etc.

Cabe anotar que cualquier servicio se puede clasificar y que esta clasificación es diferente a la descripción de las actividades económicas (Código CIIU) que usan las cámaras de comercio para el registro de empresas.

Para realizar la clasificación de los productos o servicios que identifica su marca, le recomendamos acceder a http://tmclass.tmdn.org, que es la herramienta que utiliza oficialmente la SIC.

La interfaz de dicha herramienta es muy sencilla. Usted simplemente deberá seleccionar el idioma e ingresar cada producto o servicio que identificará con su marca.

Cabe anotar que, si usted pretende amparar servicios de comercialización de productos diversos en establecimientos de comercio o por internet, la clase que le corresponde a estos servicios es la 35.

2. **Realizar una búsqueda de antecedentes marcarios.**

Una vez que se cuente con la correcta clasificación de la marca a registrar, se debe acceder al SIPI, que es el sistema oficial de la SIC para registrar y administrar marcas. La dirección de esta herramienta es: http://sipi.sic.gov.co

Para realizar la búsqueda de antecedentes de su marca, debe ingresar a la pestaña "Signos distintivos" y allí seleccionar la opción "Buscar signos distintivos". Luego, seleccione la opción "Búsqueda avanzada". En la casilla "Palabra clave", ingrese la marca de su interés y en la casilla "Clase(s) de productos y/o servicios", la clase de productos o servicios que pretende identificar con esta.

Si en el resultado de la búsqueda no aparece registrada la marca de su interés, verifique adicionalmente si existen signos similares a ella. Si la marca que desea usar ya está registrada, le recomendamos intentar nuevamente con otras posibilidades hasta encontrar una opción disponible. Por último, observe la fecha de vencimiento de la marca que se constituya en un obstáculo frente al signo de su interés, pues cuando una marca vence, su titular habrá perdido cualquier derecho de exclusividad sobre aquella. Para la mayoría de los usuarios no es fácil interpretar los resultados de la búsqueda de antecedentes marcarios; en caso de que ese sea su caso, nuestra firma puede realizar dicha búsqueda por usted, a través del pago de honorarios, en los teléfonos: (57-1) 3875624, (57-1) 7508118, (57) 3008012948. A partir de los resultados obtenidos, en un lapso no mayor a 24 horas, nuestra firma, Cárdenas Vega Asesores, le entregará un completo análisis encaminado a establecer la viabilidad de obtener su marca y las diferentes medidas que se pueden adoptar antes de iniciar la etapa de registro, el cual contiene: los principales antecedentes encontrados, un concepto legal de registrabilidad elaborado por un abogado experto en la materia, las probabilidades de obtener el registro de la marca de su interés y la relación de opciones legales subsidiarias para lograr el registro de la marca de su interés.

3. Solicitar el registro de su marca en el SIPI.

En la "Bandeja de entrada" del SIPI ingrese a "Solicitar un signo distintivo".

Seleccione la calidad en la que actúa:
En nombre propio: si usted es una persona natural registrando su marca.
Como apoderado: si usted es un abogado registrando su marca mediante un poder.
Como representante legal: si está registrando una marca de una empresa representada legalmente por usted.

Luego, seleccione la "Descripción de productos y/o servicios" que pretende identificar con su marca, de acuerdo al proceso explicado en el paso 1.

Seleccione el tipo de marca a registrar. Para conocer los tipos de marca más populares, ingrese a https://cardenasvega.com/index.php/marcas/tipos-demarcas.

En caso de que su marca sea mixta o figurativa, usted deberá adjuntar el logo o etiqueta correspondiente en formato JPG.

Tenga en cuenta: solo se puede radicar un logo. Una vez radicado, el logo NO podrá ser modificado, a menos que se solicite un nuevo registro marcario. La denominación de la marca contendrá todas las expresiones que formen parte del logo enviado. La Superintendencia de Industria y Comercio no permite el registro de expresiones extensas, eslóganes o lemas comerciales en una misma solicitud, es decir, junto con la marca. Si usted desea solicitar un eslogan o lema comercial, debe hacerlo en una nueva solicitud separada.

Posteriormente, usted podrá radicar la solicitud pagando virtualmente mediante PSE o tarjeta de crédito.

Si usted desea una vía más sencilla para registrar su marca y realizar el pago por otros canales como: Puntos Baloto, Puntos Efecty, bancos, etc., le recomendamos acceder a la página segura: https://registresumarcaenlinea.com.

Por último, aun cuando no es obligatorio que el proceso de registro de marca sea adelantado por un abogado, sí es lo más recomendable, toda vez que el trámite de registro de marca es un procedimiento que dura varios meses, dentro de los cuales se surten etapas que pueden considerarse como de mediana o alta complejidad para empresarios que no tengan preparación en aspectos legales de propiedad industrial, tales como la contestación de requerimientos oficiales o demandas de oposición. En caso de que requiera iniciar un trámite de registro a través de nuestros abogados expertos, comuníquese con nosotros en los teléfonos: (57-1) 3875624, (57-1) 7508118, (57) 3008012948 o en el e-mail: info@cardenasvega.com.

¿Quiénes somos?

Cárdenas Vega Asesores S.A.S. es garantía de seguridad y confianza. Además, nuestra firma está avalada por la Cámara de Comercio de Bogotá para integrar el directorio de consultores y formadores especializados para el apoyo de los empresarios en sus procesos de mejoramiento de gestión.

Tramitación de marcas en otros países

Las marcas son concebidas en territorios o países. Esto quiere decir que los registros de marcas son válidos en el país en el que al emprendedor se le concedió. Si usted aparece como propietario de una marca en Colombia, tiene protección en este país, pero en Argentina o en Nicaragua, por ejemplo, no goza de esta protección. Los derechos de propiedad industrial solo son reconocidos en el país en el que fueron concebidos.

¿Qué debe hacer si queremos buscar protección en más de un país?

El derecho de prioridad es el derecho que puede ejercer el propietario de una marca en un país para tramitar dentro de los seis meses siguientes a la presentación de la marca para obtener el reconocimiento de dicho trámite en otro país, con carácter prioritario a otros que se hayan realizado durante este período. El derecho de prioridad está reglamentado por el Convenio de París (celebrado para proteger la propiedad industrial). Son, por ahora, 147 países que han suscrito el Acuerdo de París. El trámite, en otros países, del registro de marca es de seis (6) meses. En el caso de las patentes de invención y de los modelos de utilidad, el plazo se extiende a doce meses. Hay que tener en cuenta los plazos de la prioridad legal, de acuerdo a que se trate de un trámite de registro de marca, diseño o patente de invención.

ESTUDIO DE CASO

PRODUCTOS LÁCTEOS SUPERIOR

Una empresa industrial de productos lácteos registra su marca en la Superintendencia de Industria y Comercio de la ciudad de Bogotá, Colombia. Una industria de fabricación de pan y bizcochería le coloca el mismo nombre de la marca de la industria de productos lácteos. Se inicia un proceso de reclamación de la marca en el país por parte de la industria de lácteos.

Debe analizar el caso y argumente los pros y los contras de esta reclamación.

Capítulo VIII

MITOS DE LA INNOVACIÓN

Ya conocemos el concepto de innovación, ahora debemos ver la definición de mito.

Según la Real Academia Española, mito es:

1. Narración maravillosa situada fuera del tiempo histórico y protagonizada por personajes de carácter divino o heroico.
2. Historia ficticia o personaje literario o artístico que encarna algún aspecto de la condición humana. *El mito de don Juan.*
3. Persona o cosa rodeada de extraordinaria admiración y estima.
4. Persona o cosa a la que se atribuyen cualidades o excelencias que no tiene. *Su fortuna económica es un mito.*

Figura 19.
Mitos de la innovación.

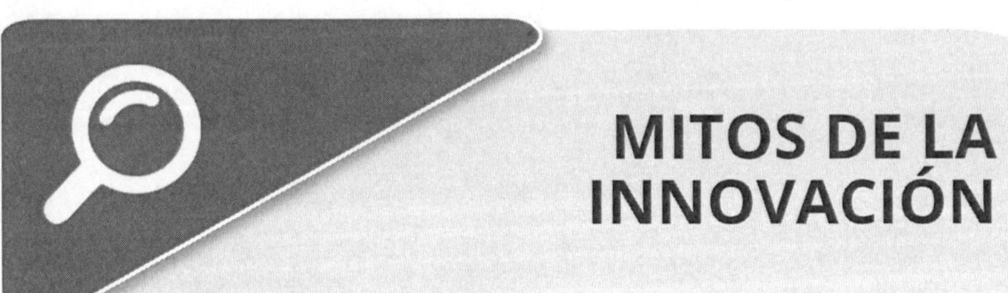

1. Innovar es la moda.
2. El consumidor compra todo lo nuevo.
3. Innovar por innovar.
4. No hay riesgo en la innovación.
5. La innovación es cara.
6. La innovación es para algunas empresas.
7. La innovación es solo I+D.
8. La innovación es solo para los creativos.
9. La innovación es cuestión de suerte.
10. Innovación = Creatividad.
11. Innovación = mejora continua.
12. Innovación = tecnología.
13. Innovación es lanzar nuevos productos.

INNOVAR ES LA MODA

No necesariamente la moda implica innovación. Hay que recordar que la innovación debe ser rentable para la empresa. Se considera innovación a todo un proceso que transforma ideas, elementos, características o formalidades ya existentes, mejorándolos o modificando productos, servicios o procesos que impliquen rentabilidad en el mercado. Se considera moda a cierta tendencia en los usos o costumbres que pueden estar en boga en determinada región y período. La moda comúnmente se asocia con las prendas de vestir, peinados, música, vocablos o costumbres.

EL CONSUMIDOR COMPRA TODO LO NUEVO

Aunque la tendencia es que los consumidores adquieran todos los productos o servicios nuevos, no necesariamente esto es cierto. Hay personas que se aferran a lo clásico o antiguo. Hay consumidores que se aferran al pasado y su expresión más común es: "Todo lo pasado fue mejor". La mayoría de los adolescentes son los más predispuestos a comprar sobre todo tecnología digital. En un reciente estudio, la consultora LLYC (*Marketing. 10 tendencias del nuevo consumidor digital*, 2021) ha identificado diez tendencias del nuevo consumidor, en las que hace hincapié en el rol que hoy tienen las marcas para acercarse al consumidor y para cumplir con todas sus exigencias:

- **Compras más emocionales**, el marketing será fundamental para poder conectar con el consumidor, usando siempre el aspecto emocional, por lo que leeremos con frecuencia términos como "volveremos", "estaremos juntos", "apostamos por la familia", entre otros.

- **Tendencia por lo necesario**, el usuario hoy busca llevar la vida más simple y eso se ha visto reflejado en la compra, hoy su prioridad es comprar productos de primera necesidad, como lo fue en su momento el papel higiénico.

- **Prioriza su salud mental**, el consumidor hoy está preocupado en estar tranquilo, cualquier situación que lo ponga en aprietos la rechazará, por lo que evitará ir a comprar a lugares que no sigan sus principios. Las marcas deberán tener cuidado con los problemas para evitar perder usuarios.

- **Apuesta por la salud**, los productos que se consumen buscan contribuir con un estilo de vida saludable, así que se buscará comprar productos sanos.

- **La disponibilidad inmediata de compra**, no le gusta esperar al usuario y espera recibir eso de parte de las tiendas, si es que realiza alguna compra por Internet, siempre va a querer que su compra llegue a tiempo.

- **Un gasto más reducido**, no derrocha dinero como antes y piensa lo que va a comprar, es más, de un tiempo para acá realiza listas para no comprar más de lo debido.

- **Espera mayor creatividad**, no se dejará seducir tan fácil, espera más trabajo de parte de las marcas, quiere ver publicidad real y sensata.

- **Un nuevo modelo de vida**, el usuario quiere un mundo mejor, apostará por productos sostenibles y por marcas que se lo ofrezcan.

- **Cultura de la cancelación**, a cualquier error el consumidor dejará de comprar, las marcas tienen que estar preparadas para esto.

- **Consumo local**, en caso el usuario decida salir a comprar, lo hará en lugares cercanos, las tiendas de conveniencia tendrán gran acogida.

INNOVAR POR INNOVAR

Este es un mito o error que no deben cometer las empresas. Aunque la innovación debe convertirse en una cultura o en un estilo de vida, si la innovación no satisface plenamente a los consumidores, puede llegar a convertirse en un error que puede costar mucho dinero y si la innovación no produce ganancia, el producto lanzado al mercado y fracasado deja de ser innovación. Aunque algunos consideran que un proyecto de innovación es poco probable que fracase, sin embargo, es bastante frecuente este problema.

MOTIVOS POR LOS CUALES PUEDE LLEGAR A FRACASAR UN PROYECTO DE INNOVACIÓN

Para Camps (2014), pueden identificarse diez (10) motivos por los cuales puede fracasar un proyecto de innovación:

a) No disponer de una definición interna de innovación.

La innovación es un término que suele generar confusión y que es interpretado de maneras muy distintas. Por esta razón, es fundamental disponer de una definición interna de innovación que colabore a crear un lenguaje común en torno a ella. No dedicar un tiempo a obtener una definición propia y adaptada a la situación concreta de cada empresa puede generar problemas tanto en la asignación de recursos para proyectos innovadores como en el momento de guiar a las personas que deben contribuir con sus esfuerzos e ideas a lograr que la innovación se transforme en resultados.

b) Innovar de "boquilla" y crear una cultura hostil a la innovación.

Debido a que la innovación está en boca de todos y parece que sea una obligación vender una imagen de empresa innovadora, muchas empresas la incluyen en sus valores, en sus presentaciones corporativas, y puede que incluso realicen algún evento relacionado con la misma. Pese a ello, la realidad es que en muchas organizaciones hay una enorme distancia entre las palabras y las acciones, ya que ni se fomentan las conductas ni se crean los entornos propicios para que la innovación pueda surgir. En estos casos, el mensaje es claro: la innovación es algo *cool* de puertas a fuera, pero no es valorada internamente, así que no merece la pena dedicarle tiempo.

c) Personas con miedo a correr riesgos.

Debido a que muchas organizaciones no crean entornos de trabajo específicos para la innovación, lo que obliga a que esta debe desarrollarse en un entorno diseñado para la eficiencia en el que hay poco espacio para la incertidumbre y para el riesgo, muchos empleados consideran un suicidio profesional dedicar su tiempo y talento a innovar, ya que la cultura empresarial dominante muestra aversión al riesgo, castiga los fracasos y no protege a aquellos que estén dispuestos a ir más allá de su zona de confort. Receta perfecta para bloquear cualquier iniciativa emprendedora interna.

d) No involucrar a todo el talento humano en la generación de ideas.

Los miedos a democratizar los sistemas de gestión, las jerarquías heredadas de la Revolución Industrial, la creencia absurda de que las buenas ideas solo pueden proceder de los directivos y la división de las empresas en departamentos aislados suponen limitaciones para poder aprovechar todo el talento interno, compuesto de perfiles muy diversos. Tanto si se trabaja con sistemas de gestión de ideas como sise realizan talleres de generación de ideas, involucrar a personas procedentes de todas las áreas es clave para innovar con éxito.

e) Procesos inexistentes o demasiados rígidos.

En lo que se refiere a los procesos de innovación, es habitual encontrarse con dos situaciones distintas: en algunos casos, las empresas no disponen de ningún proceso para desarrollar las ideas, mientras que, en otros casos, las empresas poseen procesos tan rígidos que terminan limitando las innovaciones más atrevidas. En el primer caso, una vez que se han tenido ideas, nadie es responsable de su desarrollo ni existe un proceso que marque los pasos a seguir, lo cual provoca que las personas decidan no aportar más ideas. En el segundo caso, la burocracia, las plantillas y los criterios financieros terminan ahogando la creatividad.

f) Falta de motivación e incentivos para innovar.

En la mayoría de las organizaciones no se crea el clima de motivación propicio para la innovación ni se dispone de un sistema de incentivos pensado exclusivamente para la innovación, o lo que es incluso peor, en algunas ocasiones existen desincentivos a la innovación, al implicar esta más trabajo además de asumir riesgos, sin ningún tipo de compensación. Los incentivos no deben ser necesariamente financieros, existen otras posibilidades que en este ámbito concreto pueden incluso ser más eficaces.

g) No conocer profundamente a los clientes y a los mercados.

Se diría que este es el principal motivo para que un proyecto de innovación fracase. La mayoría de las empresas no dedica esfuerzos a comprender de manera profunda sus mercados, sus clientes o segmentos de clientes emergentes a los que podrían también dirigirse. Se centran en desarrollar productos, a veces sin ningún tipo de interacción con los clientes hasta que los productos están siendo comercializados. El foco debería situarse en las necesidades y problemas de los diferentes segmentos de clientes y, en base a ese nuevo conocimiento, desarrollar nuevos productos. En este sentido, técnicas como la etnografía, la cocreación, el *crowdsourcing* o trabajar con *lead users* pueden ser de gran ayuda.

h) No medir ni los resultados ni los esfuerzos para innovar.

Otro impedimento para obtener una organización innovadora es no medir los resultados ni los esfuerzos realizados en el ámbito de la innovación. En muchas ocasiones, se utilizan las mismas métricas que se usan para la explotación del negocio actual, lo cual simplemente no funciona. Es necesario diseñar un conjunto de métricas adaptadas a la innovación y que midan distintos aspectos a lo largo del proceso de innovación, no únicamente los resultados financieros.

i) No dedicar tiempo a identificar oportunidades.

Otro aspecto o motivo bastante importante en el momento de innovar es la necesidad de utilizar herramientas que ayuden a identificar oportunidades y enfocar la generación de ideas en torno a esas oportunidades. Demasiado a menudo los procesos de innovación se inician con ideas, en lugar de hacerlo con oportunidades. Al hacerlo así, se corre el riesgo de enamorarse de la idea o de comprometer inversiones demasiado pronto, con lo que el proceso de innovación se transforma en un proceso de implementación de una idea, en lugar de generar conocimiento y alternativas para aprovechar la oportunidad identificada.

j) **Esperar la gran innovación.**

Creer que innovar es solo lograr grandes avances tecnológicos o crear nuevas industrias. Si bien la ambición es indispensable para innovar, la innovación puede tomar muchas formas y niveles; buscar siempre grandes innovaciones generará frustraciones y grandes pérdidas financieras. Hay que disponer de una cartera de proyectos de innovación equilibrada que incluya diferentes niveles de novedad y, por lo tanto, de riesgo. Es fundamental desmitificar la innovación para lograr que esta sea real. Si es nuevo y crea valor, es innovación.

NO HAY RIESGO EN LA INNOVACIÓN

Es un concepto bastante arriesgado opinar de esa forma, pues en todo proyecto, cualquiera que sea, se corren riegos, algunas veces incontrolables, que se pueden obviar o disminuir con una buena planeación e investigación de mercados. El Diccionario de la Real Academia Española (1992) define el riesgo como: contingencia o proximidad de un daño; en donde contingencia se define como: la posibilidad de que algo suceda o no suceda, especialmente un problema que se plantea de manera no prevista. Los mayores riesgos que se presentan en los proyectos de innovación pueden ser:

- No aceptación del producto o servicio por el mercado objetivo.
- Que la competencia se nos adelante.

- Falta de suficientes recursos para comercializar los productos o servicios.
- Pérdida de clientes habituales.
- Pérdida de rentabilidad en el negocio.
- Demandas, embargos, devoluciones, cobros de dinero.
- Deterioro de la imagen corporativa.

Figura 20.
Riesgos en la innovación.

LA INNOVACIÓN ES CARA

Esta afirmación se podría decir que es atrevida. A todo proyecto hay que asignarle recursos, por lo tanto, en los proyectos de innovación hay que invertir para que a largo plazo se obtengan los resultados positivos que el negocio necesita. Además, los beneficios no siempre son económicos, algunas veces es más importante crear una imagen positiva de la empresa a largo plazo que obtener ganancias inmediatas. Kelly (2015) afirma:

"La innovación a largo plazo no es cara, lo que es caro es ser mediocre. **Una compañía no puede sobrevivir a largo plazo si no consigue innovar.** *Tenemos que innovar. Crecí en una pequeña ciudad en Ohio y solo competíamos con otras empresas de Ohio. Pero el mercado se volvió global y de repente estábamos compitiendo contra empresas en Europa o Asia. Y cuando estás compitiendo con el resto del mundo, tienes que ser innovador" (p. 1).*

LA INNOVACIÓN ES PARA ALGUNAS EMPRESAS

Algunos empresarios creen que la innovación es solo para las grandes organizaciones; se puede hacer innovación en cualquier tamaño de empresas, sean pequeñas o medianas, inclusive hasta en las micro. Para la OCDE (1982), "con respecto a la innovación en las pymes, el invento no es sino la producción de un nuevo conocimiento, mientras que la innovación es la comercialización de un invento" (Castells, P. & Pasola, J., 2003, p. 25).

Algunas empresas grandes se enfocan en estrategias de innovación que abarcan generalmente recursos humanos, desarrollo de marca, organización, marketing y procesos, mientras que las medianas y pequeñas empresas se enfocan en productos y servicios, así arroja los resultados del reporte *Innovation inside*, de la consultoría Insitum.

Sin embargo, se concluye que, sean grandes, micro, pequeñas o medianas empresas, estas deben hacer cualquier tipo de innovación, ya sea en organización, procesos, marketing, productos, marcas o servicios, si quieren sobrevivir en un mercado cada día más globalizado.

Figura 21.
Innovación para todos.

LA INNOVACIÓN ES SOLO I+D

"Las ideas nuevas no surgen de la I+D, sino de los emprendedores en general, incluidas las pequeñas y medianas empresas" (Echeverría, J., 2017, p. 10).

De acuerdo a este concepto, los emprendedores y su equipo de trabajo creativo e innovador, ya sean de las grandes, micro, pequeñas o medianas empresas, son los de las ideas nuevas, no del departamento de I+D, necesariamente.

La innovación es mucho más que crear objetos, productos o servicios increíbles. La innovación tiene que ver con los modelos de negocios, sistemas, procesos, canales de distribución, servicios o de acuerdo a las experiencias, gustos, preferencias y expectativas de los clientes. Lo ideal es que tu equipo de trabajo (talento humano) tuviese la oportunidad de proponer nuevas ideas, con iniciativas innovadoras que produzcan beneficios tanto económicos como no económicos para la organización como resultado de una cultura arraigada de innovación.

Figura 22.
Equipos de trabajo para innovación.

LA INNOVACIÓN ES SOLO PARA LOS CREATIVOS

En la mitología innovadora se cree que el innovador es aquel científico loco que solo genera nuevas ideas. Totalmente incierto. Aprender a trabajar en equipo, a colaborar, a dar y recibir retroalimentación (*feedback*) puede ser más importante que la genialidad de una sola persona. Para tener éxito con la innovación, necesita de personas, de planeación, de investigaciones, de indagaciones, de conocimientos y de las herramientas necesarias para hacerlo. No hay que quedarse solamente con la idea, con la generación o la conceptualización, sino que hay que implementar. De la idea a la acción y a la comercialización.

LA INNOVACIÓN ES CUESTIÓN DE SUERTE

La suerte ayuda en los procesos, pero no todo es cuestión de suerte; la suerte debería ser aquel instante en el que la preparación se encuentra con la oportunidad. La innovación depende del conocimiento, de la perseverancia, del trabajo, del esfuerzo y de la habilidad de las personas para lograrla. La suerte es el resultado de aprovechar las oportunidades con el trabajo, la constancia y la dedicación.

INNOVACIÓN IGUAL A CREATIVIDAD

Muy a menudo las personas confunden innovación con creatividad. Veamos la diferencia: creatividad tiene que ver con la generación de nuevas ideas. El que inventó el chip, un dispositivo diminuto de almacenamiento de información, tuvo una gran idea. Pero lo más importante no es la idea en sí, sino para qué sirve y qué productos o servicios que generen beneficios económicos se pueden concebir de esa brillante idea. El almacenamiento de información a través de un producto como el USB o el *pendrive*, o unidad diminuta de almacenamiento portátil de información, se utiliza en los computadores, en los equipos de sonido, en los *jacuzzis*, etc.; estos últimos es innovación, la utilidad de la idea, que produce ganancias a las empresas. La creatividad significa pensar y generar ideas nuevas; la innovación significa implementar la idea para crear valor. Un individuo puede ser muy creativo, es decir, crear muchas ideas. Conocí a un amigo que mi esposa le puso el mote de "*Inventos*", pues era una persona que todo el tiempo hablaba de nuevas ideas de negocios, pero nunca las ponía en práctica y solo se quedaban en su mente lúcida. Para que una idea se convierta en innovación, es necesario hacerla realidad, cambiar los sistemas, los procesos, lanzar un producto o servicio al mercado antes de la competencia, entregar estos productos al comprador o consumidor por nuevos canales de distribución y obtener ganancias con la idea; eso sí es innovación.

LA INNOVACIÓN ES MEJORA CONTINUA

Los grados de innovación se pueden clasificar en: incremental, radical y transformacional.

- La información incremental se refiere a pequeños cambios que mejoran lo que ya existe. Se puede decir que es lo mismo que mejora continua.
- Innovación radical se refiere a cambios significativos de lo que ya existe.
- Innovación transformacional se refiere a cambios que transforman radicalmente lo que ya existe.

Las innovaciones radicales o transformacionales son las que presentan mayores dificultades de lograr, sin embargo, lo que se ha detectado es que son las que mayor potencial tienen para traer mayores ventajas competitivas para las organizaciones.

Tabla 5.
Varios ejemplos para cada grado de innovación.

Grado de innovación	Automotor	Máquina de escribir textos	Ventas
Incremental	Un nuevo modelo	Un nuevo modelo de máquina de escribir	Vender puerta a puerta en vez de locales en el centro
Radical	Automóvil híbrido (nitrógeno y electricidad)	La máquina de escribir eléctrica	Vender usando distribuidores en vez de vendedores directos
Transformacional	Usar el automóvil en vez de motocicleta	Utilización del computador en vez de la máquina de escribir	Vender a través de internet (redes sociales)

Fuente: Morales, M. & León, A. (2013). *Adiós a los mitos de innovación*, **p. 13. Editorial Innovare.**

INNOVACIÓN ES IGUAL A TECNOLOGÍA

La innovación no es necesariamente tecnología de punta, aunque desde los años 80 la tecnología ha sido muy importante para la supervivencia y el éxito en las organizaciones, ya que favorece la productividad, la calidad y el costo de los productos y tiene que ver con la competitividad, la participación del mercado y los resultados económicos de la empresa. La tecnología puede ser una estrategia importante, pero no lo es todo; la cultura innovadora y el potencial del talento creativo e innovador de los equipos de trabajo más los recursos de los que se disponga para el área de investigación y desarrollo.

La innovación no necesariamente está fundamentada en la tecnología, pues se puede hacer innovación en estructura administrativa, en sistemas, marketing, procesos y servicios. "En muchas empresas se gestiona la tecnología como una variable estratégica principal. Sin duda debido al reconocimiento de que, en muchos casos, la tecnología ha sido clave del éxito y un arma poderosa para ganar y mantener una ventaja competitiva" (Castells, P. & Vall, J., 2003, p. 61).

LA INNOVACIÓN ES LANZAR NUEVOS PRODUCTOS

No necesariamente la innovación es lanzar nuevos productos o servicios a un mercado. No podemos limitar la innovación al lanzamiento de nuevos productos o servicios al mercado, pues es limitar el impacto o alcance que esta pueda lograr. La innovación también puede consistir en copiar ideas, comúnmente utilizado en la industria de la moda. Se copian modelos y se modifican de acuerdo al gusto del cliente por el diseñador o modisto que la ejecuta.

Para innovar, se recomienda utilizar conceptos más amplios.

La siguiente encuesta contribuye bastante a percibir si una idea puede ser innovadora:

Tabla 6.
Modelo de encuesta para percibir si una idea puede ser innovadora.

Preguntas	Respuestas (marque con una X la respuesta correcta)
¿Es fácilmente comercializable?	
¿Le da mayor valor a la marca?	
¿Satisface plenamente al cliente?	
¿Le da mayor valor al producto y a la marca?	
¿Permite una ventaja competitiva con respecto a la competencia?	
¿Aumenta la lealtad del cliente?	
¿Es algo diferente?	
¿Sorprende al cliente y llena sus expectativas?	
¿Cuestiona el *status quo* y rompe arquetipos?	
¿Está patentado para proteger la innovación?	
¿Incrementa las ventas y reduce los costos de producción y comercialización?	
¿Es sostenible en el tiempo y tiene un mayor impacto social y ambiental?	

Esta encuesta debe ser aplicada al equipo creativo e innovador de la empresa y, si es posible, a los clientes habituales o fieles.

BENEFICIOS DE LA INNOVACIÓN

- Nos diferencia de la competencia.
- Posiciona los productos o servicios.
- Se obtiene mayor rentabilidad en el negocio.
- Impacta positivamente en los clientes.
- Se obtienen mayores niveles de crecimiento y desarrollo.
- Se obtiene ventaja competitiva sobre sus rivales.
- Se obtiene lealtad en sus clientes.
- Se obtienen mejores proveedores y aliados estratégicos.
- Incrementa los canales de distribución.
- Se aprovechan mayores oportunidades.
- Se promueve la adaptación al cambio.
- Se fortalece la cultura de la innovación.

EVALUACIÓN DEL CAPÍTULO

1. Explique con sus palabras la resistencia al cambio por parte de los trabajadores de una empresa. Si puede explicar con un ejemplo, mejor.
2. Escriba un concepto personal sobre innovación, sus componentes y características principales.
3. Describa cinco (5) tipos de innovación y explique cada una de ellas.
4. ¿Qué se considera innovación marginal? Explique con un ejemplo.
5. ¿Qué se considera innovación tecnológica? Explique con un ejemplo.
6. ¿Cuál es la diferencia entre eficacia, eficiencia y efectividad?
7. Explique con sus palabras las conclusiones al estudio de los procesos de innovación en Colombia.
8. ¿Cuáles son los beneficios de la cocreación?

9. ¿Qué se considera como mito en innovación? Explique con ejemplos.
10. Escriba cinco (5) mitos de innovación que le hayan impactado y que considere importantes y escriba por qué los considera así.

ESTUDIO DE CASO

APRENDER DE LOS FRACASOS

La multinacional Coca-Cola en todo momento se está renovando, presenta innovaciones en sus diferentes envases, tamaños, eslogan y hasta sabores. Existen en el mercado mundial los siguientes tipos de Coca-Cola: las hay de sabor original, la Coca-Cola Light, la Coca-Cola Zero azúcar, la Coca-Cola Zero Cherry, la Coca-Cola Zero azúcar limón, la Coca-Cola Zero azúcar cafeína, la Coca-Cola Light sin cafeína, la Coca-Cola With Coffee sin azúcar, la Coca-Cola Energy, la Coca-Cola Energy sin azúcar, la Coca-Cola Energy Cherry sin azúcar, la Coca-Cola sabor a vainilla (EE. UU., Inglaterra y Australia), aunque en la mayoría de presentaciones presenta sus colores de fondo rojo con letras blancas. Hasta que el 23 de abril del año 1985 la empresa anunció que descontinuaría el sabor de la Coca-Cola original y que lanzaría un nuevo producto al mercado:

New Coque, el nombre con que se lanzó el nuevo producto, era la primera modificación que, en sus 99 años de existencia, se le hacía al refresco. Fue el peor error de mercadeo en la historia de las bebidas gaseosas al cambiar la fórmula de la bebida más consumida del mundo. Un error que casi la lleva al fracaso total. Bastaron 79 días de reclamos, protestas y bajo consumo por parte de sus clientes para que los directivos aceptaran su error y volviesen a su receta original. Esto confirma que hay que tener mucho cuidado al innovar por innovar. Y lo más insólito de la experiencia es que el ejecutivo que hizo esta revolucionaria propuesta, años más tarde, fue contratado nuevamente por la multinacional debido a su mortal experiencia, aduciendo que de los errores también se aprende.

ALGUNAS MARCAS QUE DESAPARECIERON DEL MERCADO POR NO INNOVAR OPORTUNAMENTE

Remington: marca muy famosa de máquinas de escribir mecánicas, las cuales revolucionaron al mundo con sus productos. La empresa inició como fabricante de armas en el año 1816; para el año 1873, comenzó una nueva empresa que se llamó Remington Rand, que se dedicó a la producción de máquinas de escribir mecánicas; todas las teclas eran mayúsculas. Remington se convirtió en la Remington Typewriter Company en 1886 y, después de la fusión de 1927, en la Remington Rand Corp., donde continuaron la fabricación y venta de máquinas de escribir. En 1979 vendieron esta división de la compañía y se convirtió en la Remington Products Company; para este año ya la empresa producía y vendía afeitadoras eléctricas. Este producto fue lo que motivó a su comprador Víctor Kaim, quien se expresó de esta manera: "Me gustó tanto la afeitadora que compre la compañía". Remington Products fue vendida en 2003 al fabricante de baterías Rayovac y así desaparece el nombre de Remington Products Co. del mercado internacional.

Kodak: fue, en su época, la empresa de productos de fotografía más famosa del mundo. Revolucionó la industria fotográfica con el revelado de los rollos fotográficos. Su eslogan era: "Oprima un botón y nosotros haremos el resto". Su gran mercado era el revelado, ocupaban el 90 % del mercado del rollo. El problema se presentó con la llegada de las cámaras digitales y después con los *smartphone*. Los clientes podrían sacar sus fotografías y no necesitaban del revelado, pues lo guardaban en el computador, en el mismo celular o en un USB.

Nokia: marca muy reconocida en los teléfonos celulares. Líder con su modelo 3010, llamados "los indestructibles". Debido a su falta de visión, se quedaron dormidos y los teléfonos celulares de pantalla táctil, los *smartphone*, la sacaron del mercado muy rápidamente.

Sony Ericsson: la denominaron la gran alianza del mercado móvil: Sony, empresa japonesa líder en el mercado de los equipos electrónicos, y Ericsson, empresa sueca ya famosa en telecomunicaciones. Esta alianza se produjo en octubre del 2001 y se convirtió rápidamente en uno de los mayores productores y distribuidores del mercado móvil. La unión de ambas empresas se debió al fatídico incendio de la fábrica de chips de Ericsson ubicada en Nuevo México. Entonces, mediante un *join venture*, se formó Sony Ericsson y empezaron a vender millones de celulares aprovechando la fama de Sony en el mercado de electrónica en el mercado de consumo y la de Ericsson en el de telecomunicaciones. Esta alianza solo duró diez años; de esta relación se crearon muchos móviles, tanto comunes como de gama alta. A partir del año 2012, Sony Ericsson deja de existir para formar parte de una división de Sony al adquirir el 50 % restante de las acciones de Ericsson.

Compac: su mayor éxito fueron las computadoras de escritorio. Fueron las más vendidas en el año 2000, por encima de las de IBM y de las de Apple. El problema inició porque el sistema operativo Unix de sus computadores no tuvieron el éxito de Windows en el mercado mundial. La compró la empresa de computadores HP (Hewleet-Packard). De esta forma, muere Compac y le da vida a la HP Compac. Actualmente la compañía HP Compac produce teléfonos móviles y servidores de alta gama.

Blockbuster Inc.: fue una empresa de tiendas muy famosas en el alquiler de películas, a pesar de la piratería. Las personas gozaban ir a estas tiendas a alquilar las películas y pasar una tarde en casa disfrutando de los últimos títulos de la industria cinematográfica. A finales de los años 90 salieron al mercado diferentes empresas que estaban siendo competencia para Blockbuster, creando la renta de videos a través de plataformas digitales, ya que en ese tiempo se estaba empezando el uso de los DVD y las cintas estaban siendo reemplazadas por plataformas como Netflix, Prime video, Disney y SproutVideo, entre otras. Para su fracaso también incidió el precio más bajo de las plataformas, la variedad y novedad de los títulos, así como la comodidad de tenerlas a un solo clic en su televisor.

Napster: el nacimiento de Napster fue un *boom* en el mundo de las comunicaciones. Era, más que una comunidad *online*, una plataforma para descargar música. Cualquier persona podía encender su computadora y acceder a un título musical de su artista preferido, de cualquier género, año y, además, gratis. Los problemas empezaron cuando canciones que no habían sido lanzadas al mercado empezaron a filtrarse a través de Napster. La empresa fue demandada por Metallica, una banda estadounidense de la ciudad de Los Ángeles. En su máximo esplendor, Napster llegó a tener 80 millones de usuarios mensuales. Con el pago de una indemnización de 26 millones de dólares, el 3 de junio de 2002 Napster se declaró en bancarrota y liquidó todos sus activos. Actualmente, Napster está tratando de sobrevivir en el mercado como un servicio de música en *streaming*. Tras llegar a un acuerdo con Best Buy (solo con participaciones), se fusiona el 1 de diciembre del 2011 con Rhapsody, una empresa de servicio de música en *streaming*, la cual cambió la marca e identidad corporativa del sitio.

Por todas estas experiencias, la innovación continua es necesaria para todas las empresas; hay que renovarse y reinventarse permanentemente. Por esta razón, hay que tener en cuenta que, si las organizaciones no cambian, no innovan constantemente, pueden salir muy rápido del mercado y ser relevadas por la competencia.

REFERENCIAS

Álvarez, E. (2010). "Creatividad y pensamiento divergente". *InterAc*, p. 5. https://docs.google.com/viewer?a=v&pid=sites&srcid=ZGVmYXVsdGRvbWFpbnxkaHBjZmNmbXxneDoxMzNhM2U2MDkxMTZlNmNj

Amabile, T. M., Hennessey, B. A., & Grossman, B. S. (1986). Social influences on creativity: the effects of contracted-for reward. *Journal of Personality and Social Psychology, 50*(1), 14–23. http://doi.org/10.1037/0022-3514.50.1.14

Amengual Matas, R. R. (2018). *Protección de la innovación. Introducción general a los derechos de propiedad industrial o intelectual*, p. 14. https://www.esic.edu/pdf/emprendedores/proteccion-innovacion2.pdf

ANDI y *Revista Dinero* (2021). "*Ranking* de las 30 empresas más innovadoras de Colombia". https://ambientesoluciones.com/portal/prensa/ranking-de-las-empresas-mas-innovadoras-de-colombia-en-2021

Asociación Colombiana de Facultades de Ingeniería (ACFI). "Plan Estratégico 2013-2020. Contribución al Análisis PEST. Conceptos de innovación". Recuperado de: https://www.acofi.edu.co/wpcontent/uploads/2013/08/DOC_PE_Conceptos_Innovacion.pdf

Banco Interamericano de Desarrollo (BID) (2016). *Competitividad, tecnología e Innovación*. URL.

Bitrán, E., Benavente, J. M. & Maggi, C. (2016). *Bases para una estrategia de innovación y de competitividad para Colombia*. http://repositorio.colciencias.gov.co/bitstream/handle/11146/531/1123-Bases%20para%20una%20Estrategia-innovacion-Colombia.pdf?sequence=1&isAllowed=y

Brizuela, Bárbara M. & Scheuer, Nora (2016). *Investigar el cambio como proceso dinámico*. https://www.tandfonline.com/doi/pdf/10.1080/02103702.2016.1223710

Camps, Xavier (2014). *10 motivos por los que la innovación suele fracasar*. https://www.linkedin.com/pulse/20141123123747-33658917-10-motivos-por-los-que-la-innovaci%C3%B3n-suele-fracasar/

Canepa, C. (2016). *Gestión del cambio en las organizaciones: efectos sobre la actividad y las personas*, p. 13. file:///C:/Users/HP/Downloads/laboreal-2314%20(1).pdf

Canós-Darós, L., Pons-Morera, C. & Santandreu-Moscarell, C. *Caminos para la innovación en la empresa: el modelo de Kline*, pp. 2-3. https://riunet.upv.es/bitstream/handle/10251/53294/Modelo%20de%20Kline.pdf?sequence=1

Cárdenas Vega (2022). *Propiedad intelectual. Requisitos para registrar una marca en Colombia*. https://cardenasvega.com/index.php/cardenas-vega/boletin-intelectual/item/requisitos-registrar-marca-colombia

Carro-Paz, R. & González-Gómez, D. (2010). *Administración de las operaciones de productividad y competitividad*. Buenos Aires, Universidad Nacional del Mar del Plata. http://nulan.mdp.edu.ar/1607/1/02_productividad_competitividad.pdf

Castañeda, M., Hernández, L. & Ramón, J. (2016). "Una práctica innovadora en la capacitación empresarial". *Revista Cubana de Educación Superior*, 3(1), p. 5. file:///C:/Users/HP/Downloads/148-203-1-SM.pdf

Castells, P. & Valls, J. (2003). *Tecnología e innovación en la empresa*. Barcelona: Ediciones UPC, pp. 25-61. https://books.google.com.co/books?id=53Uxf8gQtuYC&printsec=frontcover&hl=es#v=onepage&q&f=false

Castro Díaz-Balart, F. (2001). *Ciencia, innovación y futuro*. Cubano del Libro, Habana, p. 3.

Chiavenato, Adalberto (1994). *Administración de recursos humanos*. Editorial McGraw-Hill. Bogotá.

Código Penal colombiano. Artículo 307. Uso ilegítimo de patentes.

Collins Ventura, N., Vera Campuzano, N. & Tul Tipantuña, L. (2021). "Actitud positiva y su efecto en la capacidad de asumir riesgos de los emprendedores del cantón la libertad". *Revista Journal of Business and Entrepreneurial Studies*, 5(2), p. 3. https://dialnet.unirioja.es/servlet/articulo?codigo=7887993

Cortés, A. (2004). "Estilos de liderazgo y motivación laboral en el ambiente educativo". *Revista Ciencias Sociales*, 4(106), p. 207. https://www.redalyc.org/pdf/153/15310615.pdf

De Castro, A (2017). *Manual práctico de comunicación organizacional.* Editorial Verbum, S. L. https://libros.wpdevcloud.com/?p=4719

Diccionario de la Real Academia Española. https://dle.rae.es/copia?m=form

Echeverría, J. (2017, 10). "La retórica de la innovación". *Revista Iberoamericana de Argumentación*, (7), p. 10. https://revistas.uam.es/ria/article/view/8173

Eichholz, J. (2015). *Capacidad adaptativa. Cómo las organizaciones pueden sobrevivir y desarrollarse en un mundo cambiante*. Bogotá: Ediciones de la U, pp. 41-241.

Ferrás, X. (2010). *Innovación 6.0, el fin de la estrategia.* Plataforma Editorial, p. 24. https://recursos2puntocero.com/recursos/bibliotecav/librosescaneados/BV-Innovaci%F3n%20 6.0.pdf

Guiddens, A. (1998). *Sociología*. Alianza Editorial. Madrid, España, p. 656.

Gómez, H. (2018). *100 herramientas para administrar su tiempo. Logre equilibrio entre su vida personal y profesional*, p. 61. https://upperlife.co/wp-content/uploads/2020/05/pdf-MIO-Libro-100-Herramientas-Tiempo-corregido-septiembre-2018.pdf

Gómez, María Claudia (2015). *Importancia de la gestión del cambio de los sistemas de información en situaciones críticas generadas por los avances en la tecnología informática*. Segundo Simposio Argentino sobre Tecnología y Sociedad, p. 178. https://44jaiio.sadio.org.ar/sites/default/files/sts167-179.pdf

Hellriegel D. y otros (1996). *Comportamiento organizacional*. Octava edición. International Thomson Editores, México.

Ibáñez, P. & García, G. (2009). *Informática/Computer Science*, vol. 1. México: Cergance Learning Latin America.

Innovation Factory Institute (2020). ¿Qué es la cocreación y qué beneficios tiene para tu negocio? https://www.innovationfactoryinstitute.com/blog/que-es-la-co-creacion-y-que-beneficios-tiene-para-tu-negocio/

Innovation Inside, INSITUM (2015). *Estudio sobre el estado de la innovación en las organizaciones*, pp. 36-37. https://issuu.com/insitum/docs/insitum_reporte_2015_esp_vf__pages_/41

INNpulsa, Colombia (2018). *Colombia avanza dos puestos en el índice global de innovación y es reconocida por primera vez como "Innovation Achiever"*. URL.

Katzenbach, John R. (1998). *Equipos de alta gerencia*. Editorial Norma. Bogotá.

Kelley, T. (2015). *La innovación a largo plazo no es cara, lo que es caro es ser mediocre*. https://www.elmundo.es/economia/2015/09/18/55fc4aec268e3e5e548b459d.html

Ketelhohn, N. & Ogliastri, E. (2013). "Introducción: innovación en América Latina". *Academia Revista Latinoamericana de Administración*, pp. 12-31.

Luján, G. (2018). *Habilidades directivas. Como predictor del cambio organizacional*. https://dialnet.unirioja.es/servlet/articulo?codigo=7116590

López Riveros, E. A. (2013). *Análisis de productividad de las pymes en la política de competitividad*. https://repository.unimilitar.edu.co/handle/10654/13164

Macías Sánchez, M., Tamayo, M. & Cerda, M. (2019). *Resistencia al cambio en las organizaciones: propuesta para minimizarlo*, p. 39. https://www.palermo.edu/economicas/cbrs/pdf/pbr19/PBR_19_02.pdf

Maldonado, J. (2006). *Trabajo en equipo del docente universitario*. Tesis de Maestría de la UPEL. Repositorio Institucional Universidad Pedagógica Experimental Libertador, Rubio, Venezuela.

Maldonado-Pinto, J. E. & Portilla-Barco, L. F. (2020). "Procesos de innovación en la industria manufacturera colombiana". *Revista CEA*, *6*(11), pp. 157-158. https://revistas.itm.edu.co/index.php/revista-cea/article/view/1395/1535

Maris, S. (2014). *Resumen libro Skudmart: Química con la muerte*. https://www.clubensayos.com/Negocios/RESUMEN-LIBRO-SKUDMART-QUIMICA-CON-LA-MUERTE/1735767.html

Martínez, L. (2010). *Gestión del cambio y la innovación en la empresa. Un modelo para la innovación empresarial*. Bogotá: Ediciones de la U, p. 43.

Medina, C. & Espinosa, M. (1994). *La innovación en las organizaciones modernas*. http://www.azc. uam.mx/publicaciones/gestion/num5/doc06.htm

Miranda, J. (2017). *Fundamentos de medición y control de procesos*. España: Ediciones Palibrio, p. 4.
Montero, D. (2015). *Conducta adaptativa: situación actual y escenarios posibles. Una visión global*. IX Jornadas Científicas Internacionales de Investigación sobre Personas con Discapacidad. Libro de Actas en CD, p. 3.
Morales, M. & León, A. (2013) *Adiós a los mitos de innovación*. Editorial Innovare, p. 13.
Navarro-Medina, R. & Moreira-Bazurto, C. (2018). *"Discusión de los distintos tipos de innovación". Revista Publicando*, 15(2), pp. 64-65. https://core.ac.uk/reader/236644000
NEO (2021). "Marketing en 2021: 10 tendencias del nuevo consumidor digital". https://www.revistaneo.com/index.php/articles/2021/07/20/marketing-en-2021-10-tendencias-del-nuevo-consumidor-digital
OCDE & Eurostat (2005). *Manual de Oslo. Guía para la recogida e interpretación de datos sobre innovación*. 3.ª edición.
Palacio-Fierro, A., Arévalo-Chávez, P. & Guadalupe Lan, J. (2017). *Tipología de la innovación empresarial*, pp. 85-88. https://dialnet.unirioja.es/servlet/articulo?codigo=6163724
Pacsi Choque, A., Estrada Mejía, A., Pérez Vásquez, W., Pérez Vásquez, A. & Cruz Machaca, P. (2014 "Liderazgo *laissez-faire*". *Revista de Investigación Valor Agregado*, 1(1), p. 69. https://doi.org/10.17162/riva.v1i1.849
Pavón, J., & Goodman, R. (1981). *Proyecto MODELTEC. La planificación del desarrollotecnológico*. CDTICSIC, Madrid, p. 92.
Publicaciones Vértice S.L. (2008). *Habilidades directivas*. España, Málaga: Editorial Vértice, p. 31.
Real Academia Española. "Mito". *Diccionario de la Lengua Española*. https://dle.rae.es/mito
Real Academia Española (2014). "Productividad". *Diccionario de la Lengua Española*. http://lema.rae.es/drae/?val=productividad
Real Academia Española (1992). *Diccionario de la Lengua Española*. 21.ª edición. Madrid, España.
Robbins, S. (1998). *Comportamiento organizacional*. Editorial McGraw-Hill. Bogotá D. C.
"Siete (7) marcas que dejaron de existir" (vídeo). 23 03 2022.

https://www.facebook.com/Screamau/videos/769554374014885/?extid=WA-UNK-UNK-UNK-AN_GK0T-GK1C&ref=sharing}
Suárez-Daza, A M. (2014). *Emprendimiento innovador en Colombia.* https://repository.unimilitar.edu.co/bitstream/handle/10654/12169/?sequence=1

Suárez Mella, R. (2018). "Reflexiones sobre el concepto de innovación". *Revista San Gregorio*, (24), p. 124. https://dialnet.unirioja.es/servlet/articulo?codigo=6839735

Superintendencia de Industria y Comercio de Colombia. *Patentes de innovación*. https://www.sic.gov.co/patentes

Thamhain, Hans J. (2005). *Management of technology: managing effectively in technology intensive organizations*. Estados Unidos de América: McGraw-Hill.

Tuckman, B. W. (1999). "Development sequence in small groups". En: *Human relations*.

Úbeda, R. & Moslares, C. (2008). "Innovando la innovación". *Boletín Económico ICE*, #2942, p. 36. file:///C:/Users/HP/Downloads/Innovando_la_innovacion.pdf

Ugarte, G (2018). *Gestión del cambio organizacional*, p. 1. https://blogs.deusto.es/master-informatica/gestion-del-cambio-organizacional/

Villarreal, N. F., Arias, D. L., Salas, N. A. & Holguín, H. M. (2014). *Determinantes de la innovación y la productividad en la industria manufacturera colombiana por tamaño de firma*. https://colaboracion.dnp.gov.co/CDT/Estudios%20Econmicos/2015jul23-1Determinantes%20de%20la%20innovaci%C3%B3n%20y%20la%20productividad%20en%20la%20industria%20manufa.pdf

Yubero, S. (2005). Capítulo XXIV. *Socialización y aprendizaje social*, p. 1.